Technologien und Marktmechanismen unterwerfen heute die Vielfalt der Kulturen einheitlichen Standards und lassen sie zu einer globalen Zivilisation zusammenwachsen. Mit dieser Globalisierung geht eine zunehmende Fragmentierung einher, die spätestens seit 1989 auch auf Europa übergesprungen ist. Das Ende der Blöcke hat zentrifugale Kräfte und Wanderungsströme freigesetzt, denen der klassische Rahmen des Nationalstaates immer weniger standzuhalten vermag; gleichzeitig scheint die europäische Integration ins Stocken zu geraten. Sind wir im Begriff, uns dem kulturellen Patchwork und den fraktalen Gesellschaften Asiens oder Afrikas anzuverwandeln? Droht das Programm des westlichen Liberalismus mit seinem Anspruch auf Universalität und Konsens zu scheitern?
In seinen Wiener Vorlesungen kombiniert Geertz die Perspektive des Ethnologen mit aktuellen Debatten in der politischen Philosophie und fragt nach der Zukunft unserer eigenen Kultur.

Clifford James Geertz (1926–2006) war ein US-amerikanischer Ethnologe. Er gilt als bedeutendster Vertreter der interpretativen Ethnologie.

WELT IN STÜCKEN
PASSAGEN FORUM

IWM-Vorlesungen zur modernen Philosophie 1995

Herausgegeben am
Institut für die Wissenschaft vom Menschen

Redaktion: Klaus Nellen

Clifford Geertz
Welt in Stücken

Kultur und Politik
am Ende des 20. Jahrhunderts

Aus dem Englischen
von Herwig Engelmann

Herausgegeben von
Peter Engelmann

Passagen Verlag

Deutsche Erstausgabe
Aus dem Englischen von Herwig Engelmann

Die Deutsche Nationalbibliothek verzeichnet diese Publikation in
der Deutschen Nationalbibliografie; detaillierte bibliografische
Daten sind im Internet über http://dnb.ddb.de abrufbar.

Alle Rechte vorbehalten
ISBN 978-3-85165-785-2
2., überarbeitete Auflage 2007
© 1996 by Clifford Geertz
© der dt. Ausgabe 1996 by Passagen Verlag Ges. m. b. H., Wien
http://www.passagen.at
Grafisches Konzept: Gregor Eichinger
Satz: Passagen Verlag Ges. m. b. H., Wien
Druck: Demczuk Fairdrucker Ges. m. b. H., 3002 Purkersdorf

Dem Andenken an Edward Shils
. . . mit dem ich manchmal einer Meinung war

Inhalt

I. Eine Welt in Stücken 13

II. Was ist ein Land, wenn es keine Nation ist? 37

III. Was ist eine Kultur, wenn sie kein Konsens ist? 63

I. Eine Welt in Stücken

1

Politische Theorien treten gewöhnlich mit dem Anspruch auf, universelle und bleibende Fragen der Macht, der Pflicht, der Gerechtigkeit und des Regierens in Begriffen zu behandeln, die allgemeine und unbedingte Geltung besitzen. Doch sie können in Wirklichkeit gar nicht anders, als spezifische Antworten auf unmittelbare Umstände zu geben. Wie kosmopolitisch ihre Absichten auch sein mögen, sich der grundlegenden, unveränderlichen und zwingenden Wahrheit der Dinge anzunehmen: Das Nachdenken über Politik ist vom Diktat des Augenblicks ebenso bewegt und belebt wie die Religion, die Literatur, die Geschichtsschreibung oder das Recht. Politische Theorien sind Leitfäden im Umgang mit partikularen, akuten und lokalen Problemen.

Das geht aus der Geschichte der politischen Theorien gerade heute klar hervor, da diese von Quentin Skinner, John Pocock und anderen endlich auf realistische Weise geschrieben wird: als Geschichte der Auseinandersetzung Intellektueller mit der sie umgebenden politischen Situation, und nicht als Geschichte einer makellosen Parade von Lehrmeinungen, die von der Logik der Ideen in Gang gehalten wird. Inzwischen ist allgemein anerkannt, dass Platos politischer Idealismus oder Aristoteles' politischer Moralismus im Zusammenhang mit ihrer Wahrnehmung der Geschicke der griechischen Stadtstaaten zu sehen sind. Machiavellis Realismus hatte mit seiner Beteiligung an den Machenschaften der Fürstentümer seiner Zeit ebenso zu tun wie Hobbes' Absolutismus mit seinem Grauen vor dem Toben des Volkszorns im frühneuzeitlichen Europa. Ähnliche Zusammenhänge gelten für Rousseau und die Leidenschaften der Aufklärung, für Burke und die Reaktion gegen sie, für die Realpolitiker des Machtgleichgewichts und den Nationalismus und Imperialismus des 19. Jahrhunderts. Das Denken liberaler Rechtstheoretiker wie John Rawls oder Ronald Dworkin erklärt sich erst aus dem Kontext der westlichen Wohlfahrtsstaaten der Nachkriegszeit, und schließlich sind auch die Anliegen Charles Taylors, Michael Sandels oder anderer Kommunitarier nur im Zusammenhang mit dem Scheitern dieses Modells zu verstehen. Die Motivation zu allgemeinem Nachdenken über Politik im allgemeinen ist ganz und gar keine allgemeine, sondern entsteht aus dem mitunter verzweifelten Verlangen, jenem Spiel von Macht und Streben, das uns an zerklüfteten Orten und in zerrissenen Zeiten wie ein Strudel umgibt, einen Sinn abzuringen.

Heute, sieben Jahre nach dem Fall der Berliner Mauer, scheinen wir uns einmal mehr an einem solchen Ort und in einer solchen Zeit zu befinden. Die Welt, in der wir seit Teheran und Potsdam, oder eigentlich seit Sedan und Port Arthur, gelebt haben – eine Welt der kompakten Mächte und der rivalisierenden Blöcke, der Formierung und Neuformierung von Makroallianzen – gibt es nicht mehr. Doch was an ihre Stelle getreten ist und wie wir uns damit auseinanderzusetzen haben, ist entschieden weniger klar.

Ein weit pluralistischeres Muster der Beziehungen zwischen den Völkern der Welt scheint im Entstehen, aber seine Form bleibt vage und unregelmäßig, stückhaft und bedrohlich unbestimmt. So haben der Zusammenbruch der Sowjetunion und die unsicheren Schritte ihres Nachfolgers (der nicht einmal mehr räumlich dem Russland gleicht, aus dem die UdSSR hervorgegangen ist) eine Kette undurchsichtiger Teilungen und verwirrender Instabilitäten nach sich gezogen. Das gilt auch für das erneute Schüren nationalistischer Leidenschaften in Mittel- und Osteuropa, für die polarisierenden und einander überlagernden Ängste, die Deutschlands Wiedervereinigung in Westeuropa ausgelöst hat und für den so genannten „amerikanischen Rückzug": die schwindende Fähigkeit (und schwindende Bereitschaft) der Vereinigten Staaten, ihre Macht in fernen Teilen der Welt einzusetzen, sei es am Balkan oder in Ostafrika, im Maghreb oder im Südchinesischen Meer. Darüber hinaus lassen die weiträumigen Massenwanderungen unterschiedliche Kulturen aufeinanderprallen und bringen zunehmend innere Spannungen mit sich. Auch das Auftreten leidenschaftlicher und bewaffneter religiös-politischer Bewegungen in vielen Teilen der Welt und die Entstehung neuer Zentren der Macht und des Wohlstands im Nahen Osten, in Lateinamerika und in Südostasien haben zum allgemeinen Eindruck der Unstetigkeit und Unsicherheit nur beigetragen. Diese und andere, aus ihnen hervorgehende Entwicklungen (ethnische Bürgerkriege, sprachliche Separatismen, „Multikulturalisierung" des internationalen

Kapitals) haben kein Bild einer neuen Weltordnung entstehen lassen. Sie haben im Gegenteil den Eindruck der Zerstreuung und Partikularität, der Komplexität und Dezentriertheit bestärkt. Die Symmetrien des Schreckens, wie sie die Nachkriegsära prägten, haben sich aufgelöst, und uns, so scheint es, bleiben nur deren Bruchstücke.

Alle großen, abrupten Veränderungen dieser Art – die Gelehrte und Staatsmänner gerne „welthistorisch" nennen, um eine Entschuldigung dafür zu haben, dass sie sie nicht kommen sahen – bringen sowohl neue Möglichkeiten als auch neue Gefahren, sowohl unverhoffte Gewinne als auch überraschende Verluste mit sich. Die zumindest vorübergehend gebannte Gefahr eines größeren nuklearen Schlagabtauschs, die Befreiung vieler Völker aus der Herrschaft einer Großmacht und die Lockerung ideologischer Starrheiten und Zwangsalternativen, wie sie die Welt der Blöcke charakterisierten, sind positive Entwicklungen aus so gut wie jedem Blickwinkel. Wäre heute der Weg von einem regionalen Konflikt zu einer globalen Auseinandersetzung noch so kurz wie vor 1989, so hätte es die jüngsten, wenn auch zaghaften Fortschritte in Richtung Frieden und Zivilität – in Südafrika, in Nordirland oder zwischen Israelis und der PLO – nicht oder jedenfalls nicht so bald gegeben. Auch würden dann Amerikaner und Kubaner, Russen und Japaner, Seoul und Pjöngjang, Asad und Netanjahu nicht im entferntesten daran denken, miteinander zu verhandeln.

Andererseits können nationalistische Feindseligkeiten, die vor 1989 von mächtigen Autokratien – um den Preis enormen menschlichen Leids – unter Kontrolle gehalten wurden, ebensowenig als Segnungen der Freiheit begrüßt werden wie das Straucheln der europäischen Integration, nun, da die Angst vor dem Kommunismus genommen ist. Kaum erfreulicher scheint die verminderte Fähigkeit der Weltmächte, ihre jeweilige Klientel zur Räson zu bringen, da die Treue zur Schutzmacht sich inzwischen weniger auszahlt. Grund zur Sorge bietet schließlich auch die Vervielfachung regionaler Hegemonieanwärter zu einer Zeit, da die internationale Politik immer weniger von globalen Strategien beherrscht ist. Abrüstung der Supermächte bei gleichzeitiger Verbreitung von Kernwaffen, politische Befreiung bei zunehmendem Provinzialismus, Kapitalismus ohne Grenzen und ökonomische Piraterie: Es ist schwer, hier eine klare Bilanz zu ziehen.

Doch die vielleicht folgenreichste Entwicklung besteht in der Verwandlung der Welt in jenes allgegenwärtige Flickwerk, mit dem wir jetzt so plötzlich konfrontiert sind. Die Zerschmetterung größerer Zusammenhänge, oder dessen, was als Zusammenhang erschien, in kleinere und lose miteinander verbundene hat die Verknüpfung lokaler und übergreifender Wirklichkeiten (oder, in Anlehnung an eine prägnante Formulierung Hilary Putnams, „der Welt hier um uns" mit der Welt im Ganzen) extrem erschwert. Wenn das Allgemeine überhaupt zu begreifen und neue Einheiten zu entdecken sind, können sie offenbar nicht auf direktem Weg und in einem Anlauf erfasst werden. Wir müssen sie über den Umweg von Beispielen, Unterschieden, Variationen und Besonderheiten erschließen – Stück für Stück eben und von Fall zu Fall. Die Splitter sind es, an die wir uns in einer zersplitterten Welt halten müssen.

Und hier muss die Theorie ansetzen, wenn es sie überhaupt noch geben soll. Was bedeutet dieses Auseinanderfallen in einzelne Teile für die großen integrativen und totalisierenden Konzepte, an die wir uns im Ordnen unserer Vorstellungen über Weltpolitik seit langem gewöhnt haben? Welche Konsequenzen hat es für unsere Ansichten über Ähnlichkeiten und Unterschiede zwischen Völkern, Gesellschaften, Staaten und Kulturen? Was wird aus Begriffen wie „Tradition", „Identität", „Religion", „Ideologie", „Werte" und „Nation", oder gar aus „Kultur", „Gesellschaft", „Staat" oder „Volk"? Sollten wir uns jetzt, da der starre Gegensatz zwischen Ost und West als jene ethnozentrische Formel entlarvt ist, die er immer schon war (der Osten ist Moskau, der Westen ist Washington, und die Lage jedes weiteren Ortes – Havanna, Tokio, Belgrad, Paris, Kairo, Peking, Johannesburg oder Wien – leitet sich daraus ab), mit der Erwägung idiosynkratischer Details und unmittelbar drängender Belange, mit den Gedankenfetzen der Zeitungskolumnen und dem flanierenden Interesse der Abendnachrichten begnügen müssen? Oder werden wir nicht doch einige allgemeine Konzepte, ob neu oder generalüberholt, entwickeln müssen, um die neue Heterogenität zu durchdringen und etwas Brauchbares über ihre Formen und ihre Zukunft aussagen zu können?

Es gibt inzwischen eine beachtliche Zahl von Vorschlägen, welche Richtung unser Nachdenken über die neu entstehenden Verhältnisse einschlagen könnte: Vorschläge, wie man diese Verhältnisse verstehen, mit ihnen leben, sie korrigieren oder auch wie man sie leugnen kann – denn immer, und gerade in Europa, wo historischer Pessimismus so oft als ein Merkmal von Lebensart und Bildung gilt, gibt es jemanden, der hartnäckig darauf besteht, dass sich in menschlichen Angelegenheiten nie etwas ändere, weil die menschliche Natur unveränderlich sei.

Den bekanntesten, jedenfalls am meisten gefeierten unter diesen Vorschlägen stellt die „Postmoderne" dar – zumindest in einer Bedeutung dieses zusammengebastelten und proteischen Begriffs. Aus ihrer Sicht muss die Suche nach umfassenden Mustern schlicht als Relikt eines antiquierten Strebens nach dem Ewigen, Wahren, Wesentlichen und Absoluten aufgegeben werden. Die Zeit der großen Erzählungen über „Identität", „Tradition", „Kultur" et cetera sei vorüber, es gebe nur Ereignisse, Personen und flüchtige Formeln, die miteinander in keiner Weise harmonieren. Wir hätten uns mit divergierenden Geschichten in miteinander unvereinbaren Idiomen zu bescheiden und dürften nicht versuchen, sie in synoptische Visionen zu fassen. Solche Visionen (lehrt diese Vision) seien um keinen Preis zu haben. Der Versuch ihrer Erzeugung führe zu Illusionen, zu Stereotypen und Vorurteilen, Ressentiments und Konflikten.

Im Gegensatz zu dieser reizbaren Skepsis gegenüber jedem Streben nach umfassender Verknüpfung der Dinge zu *grands récits* mit Handlung und Moral stehen Versuche, große, umfassende und totalisierende Konzeptionen durch noch größere zu ersetzen. Anstatt sie als leer und irreführend zu verwerfen, wollen manche sie durch Begriffe wie etwa den der „Zivilisation" ersetzen. Nachdem die alten Geschichten langsam verschlissen sind, versucht man nun, noch großartigere und dramatischere Geschichten zu erzählen, über das Aufeinanderprallen einander fremder Gesellschaften, über gegensätzliche Moralvorstellungen und unvereinbare Weltbilder.

Die großen Trennlinien und die dominierenden Konfliktquellen der nächsten Zukunft, so verkündete unlängst der amerikanische Politikwissenschaftler Samuel P. Huntington, werden kultureller Natur sein und nicht mehr primär ideologischer oder ökonomischer. „Der Zusammenprall der Kulturen", meint er, „wird die Weltpolitik bestimmen. Die Bruchlinien zwischen den [‚christlichen' und ‚islamischen', ‚konfuzianischen' und ‚hinduistischen', ‚amerikanischen' und ‚japanischen', ‚europäischen' und ‚afrikanischen'] Kulturen werden die Frontlinien der Zukunft sein . . . Der nächste Weltkrieg, sollte es einen geben," – was der Autor angesichts massiver Gemenge aus Religionen, Ethnien, lokalen Bedingungen und Sprachen offensichtlich für durchaus wahrscheinlich hält – „wird ein Krieg der Kulturen sein".[1]

Wir können also wählen zwischen einer abgeklärten Skepsis, die uns kaum mehr zu sagen erlaubt, als dass Differenz eben Differenz ist und wir um diese Tatsache nicht herumkommen, und melodramatischen Wortmalereien, die noch spektakulärere Kollisionen beschwören als jene, denen wir gerade erst um Haaresbreite entgangen sind. Andere, ebenso unglaubwürdige Ansätze verkünden das Ende der Geschichte oder behaupten, dass der Anspruch auf Erkenntnis lediglich dürftig verhülltes Machtstreben sei, oder dass letztlich alles von den Genen abhänge. Angesichts solcher Alternativen können gerade diejenigen unter uns als naiv, quixotisch, unaufrichtig oder unzeitgemäß erscheinen, die sich konkreten Sachverhalten zuwenden, um situationsbezogene Vergleiche in Gestalt spezifischer Untersuchungen von spezifischen Differenzen anzustellen. Anhaltspunkte für das Navigieren in einer zersplitterten Welt werden jedoch nur aus einer solchen geduldigen und bescheidenen Näherungsarbeit hervorgehen. Weder der Rückzug in coole Szenen noch die Beschwörung heißer Szenarien werden uns dabei helfen. Wir müssen so genau wie möglich herausfinden, wie das Terrain beschaffen ist.

Aber auch das ist nun schwieriger geworden, da unsere gewohnte Weise, die kulturelle Welt aufzuteilen – in kleine Blöcke (etwa Indonesien oder Marokko, mit denen ich selbst mich beschäftige), in größere (Südostasien oder Nordafrika) und noch größere (Asien, der Nahe Osten, die Dritte Welt und dergleichen) –, auf keiner dieser Ebenen mehr wirklich haltbar ist. Hochspezialisierte Arbeiten über javanische Musik oder marokkanische Dichtkunst, afrikanische Verwandtschaftsstrukturen oder chinesische Bürokratie, deutsches Recht oder das englische Klassensystem lassen sich nicht mehr als in sich abgeschlossene und selbständige Untersuchungen schreiben. Ohne Bezug aufeinander, auf ihre Situation, auf ihr Umfeld oder allgemeine Entwicklungen, an denen sie teilhaben, sind sie nicht einmal mehr verständlich. Doch zugleich sind die Leitlinien, entlang derer solche Beziehungen verfolgt, solche Situationen beschrieben und Entwicklungen definiert werden könnten, verschlungen, gewunden und schwer erkennbar. Dieselbe Auflösung feststehender Gruppierungen und vertrauter Unterteilungen, durch die die politische Welt so unhandlich und unergründlich geworden ist, hat auch die Interpretation von Kultur komplizierter gemacht: Wie Menschen die Dinge sehen und auf sie reagieren, wie sie sich die Dinge vorstellen, sie beurteilen und mit ihnen umgehen, entzieht sich zunehmend unserer Kenntnis. Kulturanalyse ist heute ein weitaus schwierigeres Unternehmen als zu jener Zeit, da wir wussten, oder besser: glaubten zu wissen, was womit zusammenstimmt und was nicht.

Zum Beispiel können wir „Europa", „Russland" oder „Wien" politisch wie kulturell nicht länger als geistige und wertebezogene Einheiten begreifen, die sich gegen andere derartige Einheiten – wie den Nahen Osten, Afrika, Asien, Lateinamerika, die Vereinigten Staaten oder London – abgrenzen. Wir sollten sie stattdessen als Konglomerate tiefer und grundsätzlicher Differenzen auffassen, die sich jeglicher Zusammenfassung widersetzen. Das gilt auch für die verschiedenen Untergruppen, die wir auf die eine oder andere Weise innerhalb dieser Konglomerate markieren – etwa protestantische und katholische, islamische und jüdisch orthodoxe; skandinavische, romanische, germanische und slawische; städtische und ländliche, kontinentale und insulare, angestammte und migrierende. Natürlich hat nicht erst das Auseinanderfallen der politischen Welt diese Heterogenität verursacht, sondern die schlingernde, unberechenbare und von Gewalt gezeichnete Geschichte. Aber durch dieses Auseinanderfallen ist uns die Heterogenität deutlich geworden als eine offenkundige, nicht mit Großideen zuzudeckende und länger zu ignorierende Vielheit.

Indes sind wir, so scheint es, weder auf Großideen angewiesen, noch müssen wir gänzlich auf synthetisierende Konzepte verzichten. Wir brauchen neue Denkweisen, die mit Besonderheiten, Individualitäten, Absonderlichkeiten, Diskontinuitäten, Kontrasten und Singularitäten umgehen können und die auf etwas ansprechen, was Charles Taylor kürzlich „tiefe Vielfalt" (*deep diversity*) genannt hat – eine Pluralität der Zugehörigkeiten und Seinsweisen. Es fehlt uns an Zugängen, die aus diesen Seinsweisen, aus dieser Pluralität dennoch das Gefühl einer Verbundenheit gewinnen können, die weder umfassend noch einförmig, weder originär noch unwandelbar und dennoch wirklich ist.[2] Taylors Sorge angesichts eines ideologisierten Separatismus und der drohenden Abspaltung Quebecs von Kanada gilt dem politischen Zerfall und dem staatsbürgerlichen Aspekt der Zugehörigkeit. Sie gilt jener Seite der Identität in einer zersplitterten Welt, die sich heute mit der Frage konfrontiert sieht: „Was ist ein Land, wenn es keine Nation ist?". In Analogie dazu lautet die Frage nach dem Aspekt des Seins und des Selbst, der Spiegelbild und Rückseite dieser staatsbürgerlichen Identität bildet: „Was ist eine Kultur, wenn sie kein Konsens ist?".

2

Nicht wenige Philosophen und Sozialtheoretiker in Europa und den Vereinigten Staaten beschäftigen sich derzeit – ohne großen Erfolg – mit diesen beiden Fragen. Und zwar auf eine Weise, die die beiden Aspekte kollektiver Identität oft nicht nur miteinander, sondern auch mit dem davon völlig verschiedenen und in meinen Augen eher plumpen, amorphen, zu allgemeinen und in jedem Fall überstrapazierten Konzept des „Nationalismus" vermengt. Die Koexistenz großer, reicher, einmaliger und historisch gewachsener Kulturtraditionen in den meisten, ja in so gut wie allen Teilen der Welt (von Zivilisationen im eigentlichen, nicht im polemischen Sinn des Wortes also) erzeugt endlos fortschreitende Differenzen innerhalb von Differenzen, Teilungen, die neue Teilungen nach sich ziehen, und immer neue Vermengungen. Angesichts dessen drängt sich eine Frage auf, die nicht länger als nebensächlich abgetan werden kann: Wie geht in einer so vielfältigen Welt die Herausbildung eines politischen, sozialen oder kulturellen Selbst vor sich? Wenn in Wirklichkeit Identität ohne Einklang die Regel ist – ob in Indien oder den Vereinigten Staaten, in Brasilien oder Nigeria, in Belgien, in Guyana oder auch in Japan, jenem angeblichen Modell immanenter Gleichgesinntheit und essentialisierter Einmaligkeit –, worauf beruht sie dann?

Doch selbst diese Frage ist noch schlecht gestellt, wenn wir sie als eine allgemeine verstehen, die nach einer einzigen Antwort verlangt – ein Mangel von vielen Arbeiten, die in den letzten Jahren zum „Nationalismus" (oder auch zur „Ethnizität") geschrieben wurden und sich solcher Beliebtheit erfreuen. Denn es gibt beinahe so viele Arten, solche Identitäten zusammenzusetzen – seien sie flüchtig oder dauerhaft, weitläufig oder intim, weltbürgerlich oder provinziell, nachgiebig oder starr –, wie es Materialien und Motivationen für deren Zusammensetzen gibt. Indianisch, israelisch, bolivianisch, moslemisch, baskisch, tamilisch, europäisch, schwarz, australisch, Sinti, Roma, Ulsterman, arabisch, maronitisch, hispanisch, flämisch,

Zulu, jordanisch, zypriotisch, bayrisch und taiwanesisch lauten die Antworten, die Menschen auf die selbst oder von anderen gestellte Frage geben, wer (oder vielleicht besser, was) sie sind. Und diese Antworten ergeben ganz einfach keine geordnete Struktur.

Sie ergeben auch keine stabile Struktur. Der Katalog verfügbarer Identitätsbildungen vergrößert, verkleinert, wandelt, verzweigt und entwickelt sich mit der immer dichteren ökonomischen und politischen Vernetzung der Welt. Er wird mit dem Ziehen neuer und der Aufhebung alter Grenzen weiter an Komplexität gewinnen, um so mehr, als sich Menschen auf unvorhersehbare, nur teilweise kontrollierbare Weise und in immer größerer Zahl in Bewegung setzen. Vor einem halben Jahrhundert gab es keine Beurs oder Bangladescher, aber es gab Peranakans (Nachkommen aus chinesisch-malaiischen Ehen) und Jugoslawen. Weder hatte Italien ein marokkanisches Problem, noch Hong Kong ein vietnamesisches (noch Vancouver eines mit Hong Kong). Selbst dauerhafte Identitäten – und das wissen Österreicher und Amerikaner so gut wie Polen, Schiiten, Malaien und Äthiopier – ändern ihren Umfang, ihren Gehalt und ihre innere Bedeutung.

Die politische Theorie bewegt sich für gewöhnlich in großer Höhe über diesem Dickicht der Charakterisierungen, Unterscheidungen, Besonderheiten und Etikettierungen, das die Wer-ist-was-Welt kollektiver Identitäten ausmacht. Die Theoretiker schweben sinnierend darüber, als säßen sie in einer Montgolfiere – vielleicht aus Angst, dass sie eine Landung mit jener Art endloser, widersprüchlicher Details konfrontieren könnte, von denen Ethnologen so oft überwältigt werden. Vielleicht, weil das Dickicht als solches abstoßend, da emotional, kreatürlich, irrational und gefährlich wirkt. Vielleicht auch, weil es als unwirklich oder nebensächlich, als Flitter, als Dekor oder Mystifikation erscheint. Doch wenn wir tatsächlich eher mit einer Welt dicht gedrängter und immer wieder neu sich anordnender Unähnlichkeiten konfrontiert sind als mit einer Welt der Nationalstaaten aus einem Guß, die, vom Ballon aus bequem erkennbar, in Blöcken und Superblöcken zusammengefasst sind: Was bleibt uns dann noch zu tun, als uns um den Preis von Verlusten an Allgemeingültigkeit, Sicherheit oder intellektuellem Gleichgewicht in die Niederungen konkreter Fälle zu begeben?

Dabei ist dieser Preis vielleicht gar nicht so hoch und sind die Vorteile größer als erwartet. Denn Abstraktion von Besonderheiten ist nicht die einzig mögliche Form der Theorie. In Zukunft werden wohl gerade solche politischen Analysen hilfreich sein, die sich auf die Besonderheiten ihres Gegenstands einlassen. China tut seine ersten unbeholfenen und schwankenden Schritte in die internationale Wirtschaft. Deutschland hat ein halbes Jahrhundert politischer Teilung wettzumachen, während Russland nach einer praktikablen Existenzform sucht und afrikanische Gesellschaften sich um Eindämmung des Hasses und der komplizierten inneren Abgrenzungen bemühen. Japan ist dabei, seine eigene Vielfalt zu entdecken – oder wiederzuentdecken – und sucht seinen Platz in einer Region, die sich in ein halbes Dutzend verschiedener Richtungen zugleich bewegt. Die Vereinigten Staaten, Frankreich, Mexiko oder Algerien erkennen, dass sie sich auf weit weniger gemeinsames Denken und Fühlen stützen können, als ihre öffentlichen Credos es vorgeben. In all diesen Fällen werden übergreifende, panoptische Perspektiven die Sache eher verfehlen.

Es scheint, kurz gesagt, als ob sich an unserem Denken einiges wird ändern müssen, wenn wir – ob als Philosophen, Historiker, Ethnologen oder was immer – etwas Zweckmäßiges über die zerstückte oder in Auflösung begriffene Welt der unsteten Identitäten und losen Verbindungen aussagen wollen. Zunächst müssen wir Differenz ausdrücklich und offen anerkennen statt sie mit Gemeinplätzen über „konfuzianische Ethik", „westliche Tradition", „südländisches Temperament" oder „moslemische Mentalität", mit windigen Moralpredigten über universale Werte oder mit trüben Banalitäten über ein tiefer liegendes Einssein zu verdunkeln. Zweitens darf Differenz nicht als Negation von Ähnlichkeit, als ihr Gegensatz, als ihr konträrer oder kontradiktorischer Widerspruch verstanden werden. Sie sollte als etwas gesehen werden, das all dies enthält, situiert, konkretisiert und ihm Form gibt. Nachdem die Blöcke und mit ihnen die Hegemonien verschwunden sind, finden wir uns in einer Ära der verstreuten und in sich differenzierten Verflechtungen wieder. Was immer an Einheit und Identität entsteht, wird aus der Differenz heraus verhandelt und hervorgebracht werden müssen.

Woher kommt der Überfluss an Originalität und Eigenheit, durch den sich chinesische und malaysische Lebensformen in Südostasien auszeichnen, nicht weniger als englische, schottische, walisische und irische in Großbritannien oder indianische und hispanische in Nicaragua und Guatemala, moslemische und christliche in Nigeria oder moslemische und hinduistische in Indien, singhalesische und tamilische in Sri Lanka, schwarze und weiße in Südafrika? Die Vielfalt entsteht aus der Art, wie die konstitutiven Praktiken dieser Lebensformen situiert und zusammengefügt werden. Es gibt, um auf ein berühmtes Bild von Wittgenstein zurückzugreifen, den einzigen Faden nicht, der durch sie alle hindurchliefe, sie definieren und zu einem Ganzen machen würde. Es gibt nur Überlagerungen verschiedener sich kreuzender, verschlungener Fäden, deren einer ansetzt, wo der andere abreißt, die in Spannung zueinander stehen und einen zusammengefügten, lokal disparaten und global integralen Körper bilden. Die Analyse solcher Länder und Gesellschaften gelingt nur, wenn man diese Fäden herauslöst, die Knoten, Schlingen, Verbindungen und Spannungen ortet, der Zusammengesetztheit dieses Körpers Rechnung trägt und seine tiefe Vielfalt auslotet. Feinarbeit, die Verschiedenartigkeit aufdeckt, unterscheidet sich nicht grundsätzlich von allgemeiner Charakterisierung, die Affinitäten bestimmt. Das Kunststück besteht darin, beide einander erhellen zu lassen, und so zu erschließen, was Identität ist. Und was sie nicht ist.

3

Auf diese Weise lokale detail- und ereignisreiche Landschaften mit den komplizierten Topographien zu verbinden, deren Bestandteile sie sind, verlangt eine andere Art, sich Identität vorzustellen und über sie zu schreiben; es erfordert Änderungen im Vokabular, das wir verwenden, um sie sichtbar zu machen und ihre Kraft abzuwägen. Doch politische Theorie erschöpft sich heute meistens entweder in synoptischem Sinnieren über essentialisierte und in manichäische Todeskämpfe verstrickte Prinzipien – Kollektivismus und Individualismus, Objektivismus und Relativismus, Recht und Pflicht, Freiheit und Zwang – oder in ideologischem Engagement im Gewande zwingender Ableitungen aus ehernen Prämissen. Die widerspenstigen Besonderheiten, die unsere Zeit charakterisieren, muss die Theorie erst in den Griff bekommen, doch daran wird sie zumeist durch ihre Sprache gehindert, die lieber zusammenfasst als auseinanderlegt. Die verfügbaren Genres der Beschreibung und Beurteilung taugen nicht viel für die vielfältige, vermischte, unregelmäßige, wandelbare und diskontinuierliche Welt, in der wir leben.

Es scheint, als ob wir zu einem Kompromiss oder vielleicht einer Verbindung gelangen sollten, die zumindest drei solcher Gattungen eingehen könnten: zum einen die philosophische Betrachtung über das Selbst, das Handeln, den Willen und die Authentizität (oder neuerdings die Hinterfragung dieser Betrachtungen als ideologische Konstruktionen oder metaphysische Illusionen), des weiteren die historische Suche nach den Spuren der Entstehung von Ethnizitäten, Nationen, Staaten und Solidaritäten (oder neuerdings die Frage nach der imaginären Repräsentation solcher Prozesse in den politischen Riten und Kulturtechniken des modernen Lebens) und schließlich die ethnographische Darstellung von Mythologien, Wertvorstellungen, Traditionen und Weltbildern (oder neuerdings die Austreibung solcher Ethnographie als exotisierende, hegemonisierende, neokolonialistische Reduktion eines radikal Anderen).

Doch ist nicht klar, wie ein Kompromiss oder eine Verbindung zwischen diesen Ansätzen aussehen könnte. Wer, wie ich es hier tue, versucht, sich dem verworrenen und strittigen Bild einer Welt zu stellen, die nicht länger adäquat als eine Klassifizierung von Völkern oder ein System von Staaten, als ein Katalog von Kulturen oder eine Typologie von Regierungsformen beschreibbar ist, findet unter den herkömmlichen Konzeptionen der Wissenschaften vom Menschen wenig, auf das er sich stützen kann.

Der Weg, den ich hier einschlage – improvisierend und immer wieder den Kurs je nach Zweckmäßigkeit ändernd – wird in jene zwei Fragen münden, von denen ich weiter oben behauptet habe, dass sie zentral sind für die interpretativen Probleme, die aus der Fragmentierung, Instabilität und Dezentriertheit der Welt nach dem Fall der Mauer hervorgehen: Was ist ein Land, wenn es keine Nation ist? Und: Was ist eine Kultur, wenn sie kein Konsens ist? Noch vor wenigen Jahren, als das Schaubild der Welt einigermaßen festgefügt und klar konturiert schien, hätten beide Fragen verworren oder sinnlos angemutet. Denn es gab kaum etwas, wodurch sich die hier kontrastierten Begriffe erkennbar voneinander unterschieden hätten. Länder *waren* Nationen – Ungarn, Frankreich, Ägypten, Brasilien. Kulturen *waren* geteilte Lebensweisen – ungarische, französische, ägyptische, brasilianische. Zwischen die Begriffe, und damit zwischen die beiden Fragen, einen Keil zu treiben, sie voneinander zu lösen und ihnen getrennt nachzugehen, erschien bislang im günstigsten Fall als ein sinnloses, im schlechtesten als ein destruktives Unternehmen.

Doch wenn es auch ein zerstörerisches oder zumindest destabilisierendes Unternehmen ist, so ist es bestimmt kein sinnloses. Heute gibt es nur mehr sehr wenige Länder – und vielleicht gab es sie nie – die wenigstens halbwegs mit kulturellen Solidargemeinschaften zusammenfallen: Japan, Norwegen, vielleicht Uruguay, wenn wir die Italiener dort übersehen, vielleicht Neuseeland, wenn wir die Maoris vernachlässigen. Die Staatsformen Mexikos und Deutschlands, Nigerias und Indiens, Singapurs und Saudi Arabiens sind so enorm unterschiedlich, dass ihnen kaum ein Sammelbegriff gerecht werden kann. Selbst unmittelbare Nachbarn wie Israel und Jordanien, Kambodscha und Vietnam, Griechenland und die Türkei, Äthiopien und der Sudan begründen ihre Legitimität auf gegensätzliche Weise: Die Geschichten, die sie einander zur Erklärung ihrer Existenz und zur Rechtfertigung ihres Fortbestehens erzählen, stimmen niemals überein und sind kaum ineinander übersetzbar. Jene Illusion, nach der die Welt sich von einem Ende bis zum anderen aus gleichartigen Einheiten, aus den Polygonen eines fertigen Puzzles zusammensetzt, entspringt den bildlichen Konventionen unserer politischen Atlanten. Und ist genau das: eine Illusion.

Die politischen und kulturellen Aspekte einer Welt in Stücken zunächst einmal auseinander zu halten, um sie dann wieder aufeinander zu beziehen, erlaubt uns zumindest, die Züge und Gegenzüge besser zu verstehen, die in der Bildung und in den Wechselwirkungen kollektiver Rollenbilder wirksam werden. Vielleicht lassen sich so auch manche der Rätsel lösen, die solche Manöver den sozialen Ordnungen,

Ökonomien, Gemeinwesen und ihrem Alltag stellen. Denn wir wissen zwar ein wenig – nicht annähernd genug, aber doch ein wenig – darüber, wie Unterschiede hinsichtlich Macht, Wohlstand, Status, Glück und Fähigkeit in einer Gesellschaft ausgeglichen werden, mit welchem Ergebnis auch immer. Ebenso kennen wir in etwa die Möglichkeiten der Anpassung, Versöhnung, Kontrolle oder Unterdrückung materieller Interessen. Und wir sind einigermaßen im Bilde über gängige Arten der Lösung oder Verschärfung, der Ausbalancierung oder des Ausfechtens ideologischer Konflikte. Ratlos aber stehen wir vor gesellschaftlichen Auseinandersetzungen, die sich in Begriffen von Eigentlichkeit, von angeborenen Gefühlen und Urloyalitäten, von natürlichen Gegensätzen und immanenten Wesenheiten artikulieren. Solche Konfrontationen scheinen wie Gewitter hereinzubrechen und sich nach Entladung oder infolge eines unerklärlichen Wetterumschwungs aufzulösen. Häufiger noch überdauern sie als glosende, halbverborgene Irritationen, mit denen man lebt (oder stirbt) und die niemals ganz verstanden oder beseitigt werden.

Es wird nicht leicht sein, aus unserer gegenwärtigen Haltung des bloßen Zusehens und Bedauerns herauszutreten. Aber nach dem bisher Gesagten könnte ein erster Ansatz darin liegen, genau zu untersuchen, was ein Land unter den jeweiligen lokalen Bedingungen zu einem kollektiven Akteur macht (oder eben dies verhindert).

Im Jahr 1945 gab es ungefähr fünfzig Länder, unter denen die restliche Welt in Form von Kolonien, Protektoraten und dergleichen aufgeteilt war. Heute dagegen gibt es fast zweihundert Länder, und es werden höchstwahrscheinlich eher mehr. In den fünfziger und sechziger Jahren fand in Asien und Afrika, und bis zu einem gewissen Grad auch im Pazifik und in der Karibik, bekanntlich die Entkolonialisierung statt, eine Revolution, deren Folgen jetzt durch den Zerfall der Sowjetunion als des letzten transkulturellen Reichs (es sei denn, man betrachtet China als ein solches) verstärkt werden. Von ihren Führern und ihren Theoretikern wurde diese Revolution, ebenso wie von jenen, gegen die sie sich richtete, allgemein als eine Befreiung von Fremdherrschaft verstanden und daher etwas vorschnell und leichtfertig den nationalistischen Bewegungen Europas und Lateinamerikas im neunzehnten Jahrhundert angeglichen beziehungsweise gleichgesetzt. Sie galt lange als die letzte Welle eines weltweiten Strebens nach Selbstbestimmung und -regierung, nach Modernisierung der Regierungsformen, nach Vereinigung von Staat und Kultur. Aber mit den Jahren und dem Verlöschen des ideologischen Funkens ist immer deutlicher geworden, dass die antikoloniale Revolution einen viel tieferen Einschnitt markiert. Sie hat zu einem Wandel, wenn nicht einer Transformation, unseres gesamten Verständnisses von den Beziehungen geführt, die zwischen Geschichte, Raum und politischer Zugehörigkeit herrschen.

Nur langsam setzt sich die Einsicht durch, dass die Entstehung dieser vielen großen, kleinen und mittelgroßen Länder in Asien und Afrika nicht bloß das Modell des „Nationalstaats" nachholte oder imitierte, wie es in Europa zwischen dem siebzehnten und neunzehnten Jahrhundert geschaffen wurde. Wir begreifen erst jetzt, dass die „unterentwickelte", „rückständige" oder „dritte" Welt dieses Modell in vieler Hinsicht eher in Frage gestellt als bestätigt oder reinkarniert hat. Zu lange war die Vorstellung vorherrschend, dass die moderne Welt in Nord- und Westeuropa erschaffen wurde und sich wie ein Ölteppich über den Rest der Erde ausgebreitet hat. Dabei wäre an verschiedenen Entwicklungen in den Vereinigten Staaten und in Lateinamerika – ganz zu schweigen von Liberia, Haiti, Thailand oder Japan – längst ersichtlich gewesen, dass sich diese neuen, ebenfalls als „Länder" bezeichneten Einheiten nach ganz neuen Mustern konstituieren, und zwar so, dass die europäischen, ohnehin alles andere als unumstrittenen Auffassungen von dem, was der Begriff „Land" bedeutet und wie er zu begründen ist, zunehmend unter Rechtfertigungsdruck geraten. Dies sind die wirklich radikalen Implikationen der Entkolonialisierung, und sie werden gerade erst erkannt. Wie immer wir dazu stehen, es scheint unbestreitbar, dass sich die Dynamik westlicher Nationswerdung nicht wiederholt und dass irgend etwas anderes vor sich geht.

Herauszufinden, was das sein könnte, setzt zweierlei voraus: zum einen einen Gebrauch von Begriffen wie „Nation", „Staat", „Volk", und „Gesellschaft", der diese abgegriffenen Prägungen der politischen Analyse nicht unter ein gemeinsames und blind reproduziertes Muster subsumiert; und zum andern einen Umgang mit Konzepten wie „Identität", „Tradition", „Zugehörigkeit" und „Zusammenhalt", der dieses kaum weniger abgedroschene Vokabular kultureller Beschreibung nicht auf ein schablonenhaftes Verständnis von Uniformität und gleicher Mentalität reduziert. Dieses Unternehmen möchte ich in den nächsten zwei Kapiteln auf eine vorläufige und sondierende Weise beginnen, in der Hoffnung, die Herausforderungen und Gefahren, die Schrecken und die Chancen einer Welt in Stücken ein wenig zu erhellen.

II. Was ist ein Land, wenn es keine Nation ist?

1

Die Wörter „Nation", „Staat", „Land", „Gesellschaft" und „Volk" bezeichnen heute das, was wir als die elementaren Bausteine der weltpolitischen Ordnung zu erkennen glauben. Doch sind diese Begriffe hinsichtlich Intention, Definition und Umfang irritierend vieldeutig. Einerseits verwenden wir sie wie Synonyme, als wären sie untereinander austauschbar: „Frankreich" oder „Ungarn", „China" oder „Kambodscha", „Mexiko" oder „Äthiopien", „Iran" oder „Portugal" sind alle zugleich Nationen, Staaten, Länder, Gesellschaften und Völker. Andererseits lenken uns dieselben Begriffe in ihren Nuancen und Konnotationen, ihren Resonanzen und inwendigen Bedeutungen in ganz verschiedene Richtungen: Sie verweisen auf Blut, Rasse und Abstammung, auf die Mysterien und Mystifikationen biologischer Gleichheit; sie evozieren politische und bürgerliche Loyalität und den unauflösbaren Zusammenhang von Recht, Gewalt und Politik; sie stützen sich auf geografische Aggregationen und territoriale Abgrenzungen; sie unterstellen ein Bewusstsein für Herkunft, Heim und Heimat; sie beziehen sich auf Interaktion, Geselligkeit und Zusammenschluss der Bürger, auf zwischenmenschliche Begegnung und das

Wechselspiel der Interessen; sie suggerieren kulturelle, historische, sprachliche, religiöse oder psychologische Affinitäten und damit so etwas wie geistige Substrate.

Diese hartnäckige, vielleicht nie zu behebende Vieldeutigkeit trübt die Geschichte Europas und der beiden Amerikas seit dem siebzehnten Jahrhundert und befällt nun mindestens ebenso unerbittlich Asien und Afrika. Einerseits werden die Begriffe des Biologischen, des Politischen, des Territorialen, der Interaktion und des Kulturellen gehandhabt, als wären sie gleichwertige und austauschbare Ausdrücke ein und derselben Realität; als gingen sie ineinander über und konvergierten gegen eine wie immer geartete Endsumme. Andererseits wächst der Eindruck, dass sie nicht vollständig ineinander übergehen, dass sie nicht ganz konvergieren, dass sie sich auf unterschiedliche Realitäten beziehen und unterschiedliche Arten von Solidaritäten und Zugehörigkeiten darstellen und dass sie aus unterschiedlichen Vorstellungen, Bestrebungen und Ängsten hervorgehen. Dieser Zustand schafft Ungewissheit über das, was wir auf der politischen Weltkarte eingezeichnet finden. Was meinen wir, wenn wir „Mauretanien", „Slowakei", „Bolivien" oder „Australien" sagen?

Beim Blättern durch die einschlägigen Stellen des *Oxford English Dictionary* wird diese Ratlosigkeit zumindest im Hinblick auf Europa und für die englische Sprache deutlich (obwohl ich zu behaupten wage, dass derartige Streifzüge durch den *Robert* oder den *Wahrig* ähnliches ergäben). Jeder der Schlüsselbegriffe bringt eine ihm eigene Bedeutung mit, die ihn wie ein Halbschatten, ein *basso continuo* begleitet und mit einer bestimmten Atmosphäre und Tonalität umgibt. Gleichzeitig scheint es den bewußten, ja verzweifelten Versuch zu geben, diese Eigenbedeutung zu unterdrücken und das Wort in eine semantische Übereinstimmung mit den anderen zu zwängen, um eine ursprüngliche Einheit kollektiven Handelns zu schaffen – die als Land, Volk, Gesellschaft, Staat oder Nation abgrenzbar, benennbar, herauslösbar und in sich stimmig ist, kurz: ein historisches Subjekt.

Das Wort „*country*" (Land) zum Beispiel dürfte sich von derselben lateinischen Wurzel ableiten, der wir auch „*contra*" und „*counter*" verdanken. Seine Bedeutungen spannen einen weiten Bogen: ausgehend von der buchstäblichen („das, was gegenüber oder in Blickrichtung liegt, die Landschaft, die sich vor einem ausbreitet"), über allgemeinere („ein Gebiet oder Landstrich unbestimmter Ausdehnung, eine Region, ein Bezirk") zu spezifischeren Definitionen („ein Gebiet mit mehr oder weniger festgelegten Grenzen in bezug auf menschliche Tätigkeiten, das zum Beispiel einem Herren oder Eigentümer gehört oder von Menschen derselben Rasse, Sprache oder desselben Gewerbes bewohnt wird"; „das Land, in dem eine Person geboren wurde, Bürgerrecht und Wohnort besitzt"). „*Country*" bezeichnet darüber hinaus umfassend das „Territorium oder Land einer Nation; gewöhnlich ein unabhängiger Staat oder eine ehemals unabhängige Region [dies im Hinblick auf Schottland und Irland], die sich ethnisch, sprachlich, in ihren Institutionen und durch ihr Geschichtsbewußtsein nach wie vor unterscheidet". Und schließlich steht das Wort schlicht und einfach für das „Volk eines Bezirkes oder Staates, die Nation". So heißt es etwa in Macaulays *History of England*: „Das Volk liebte weder sein Land noch seinen König" – was wohl kaum heißt, dass es die Landschaft nicht mochte.[1]

Einen ähnlichen Bogen beschreiben die Bedeutungen des Wortes „*people*" (Volk). Es kann allgemein und eher verschwommen „*populace*" (Bevölkerung), „*multitude*" (Menge) oder „*commonalty*" (gemeines Volk, Allgemeinheit) bedeuten und etwas spezifischer „Personen" bezeichnen, „die einem Vorgesetzten unter- oder jemandem zugeordnet sind", also Leute, Gefolge oder Dienerschaft. „*People*" bezeichnet das Volk als Souverän beziehungsweise als Gesamtheit wahlberechtigter Bürger, als eine „Gesamtheit von Personen, die eine Gemeinschaft, einen Stamm, eine Rasse, oder eine Nation bilden".[2]

Der Begriff „*state*" (Staat) entspringt derselben, auf „*rank and Standing*" (Rang und Namen) verweisenden, Wurzel wie etwa „*estate*" (Stand) oder „*status*" (Status). „*State*" reicht semantisch von „*realm*" (Reich) und „*Commonwealth*" (Gemeinwesen) über die spezifischere „Gesamtheit der Menschen, die ein bestimmtes Gebiet bewohnen und unter einer souveränen Regierung zusammengefaßt sind" bis zur „höchsten zivilen Macht und Regierungsgewalt eines Landes oder einer Nation". Der Staat im eigentlichen Sinne sei, meint Matthew Arnold dementsprechend in seinem Buch *Democracy*, „die Nation in ihrer kollektiven und korporativen Eigenschaft".[3]

Ähnlich verläuft die Palette der Bedeutungen von „*society*" (Gesellschaft): „Verbindung mit den Mitmenschen"; „Verkehr mit Personen"; „eine Ansammlung von Personen, die in einer geordneten Gemeinschaft zusammenleben"; „eine Ordnung oder Lebensweise, die von einer Anzahl Individuen zum Zwecke eines harmonischen Zusammenlebens angenommen wird"; „Verbindung", „Vereinigung", „Naheverhältnis".[4]

Doch am Begriff der Nation, dem zugleich am radikalsten vereinheitlichenden und am schwersten zu fassenden Begriff dieser Reihe, zeigt das Bedeutungsspektrum seine Struktur am deutlichsten: Er übt auf alle anderen Begriffe die Anziehungskraft eines semiotischen Magneten aus. „Nation" entspringt dem lateinischen *„natio", „breed"* (Geburt, Herkunft, Schlag), *„stock"* (Stamm, Geschlecht, Ursprung), *„race"* (Rasse, Art), und geht auf *„nasci"* (geboren werden) zurück. Im Zuge seiner Entwicklung wurde oder wird der Begriff auf mehrere ganz spezifische Bereiche angewendet. So etwa auf „Familie, Sippe", „einen irischen Clan", „die einheimische Bevölkerung einer Stadt", „eine Klasse, Art oder Rasse von Personen", „ein Land oder Königreich", „die Gesamtbevölkerung eines Landes ... im Gegensatz zu seinen einzelnen kleineren Gruppen". Der größte Teil dieser Varianten wurde allerdings inzwischen von der alles beherrschenden zentralen Bedeutung des Wortes absorbiert: Danach bezeichnet *„nation"* eine „umfassende Ansammlung von Personen, die durch gemeinsame Abstammung, Sprache oder Geschichte so eng verbunden sind, daß sie eine eigene Rasse oder ein eigenes Volk bilden, welches gewöhnlich als gesonderter politischer Staat organisiert ist und ein bestimmtes Gebiet bewohnt".[5]

Nicht, dass ich glaubte, die Welt drehe sich nur um Wörter (obwohl Wörter tatsächlich viel mit dem Funktionieren der Welt zu tun haben) oder man könne politische Geschichte aus Wörterbucheinträgen ablesen (obwohl sie empfindliche und zu wenig konsultierte Seismographen sind). Vielmehr meine ich, dass sich in den hier zitierten Definitionen deutlich das Spannungsverhältnis zwischen einer konvergierenden und einer streuenden Konzeption des kollektiven Handlungssubjekts zeigt, zwischen dem Versuch, die Begriffe und

Bedingungen für dieses Subjekt übereinstimmend und austauschbar zu gestalten, und dem Versuch, ihre Unterschiede und Besonderheiten zu bewahren. Diese Spannung scheint mir viel von dem zu reflektieren, ja vorwärtszutreiben, was sich heute in der Welt abspielt und worüber sich die Philosophen, Ethnologen, Journalisten und Ideologen äußern.

Tatsächlich bestand im Europa zwischen Napoleon und Hitler eine zentrale Dynamik der politischen Geschichte darin, die verschiedenen Zugänge zur Frage „Wer bin ich (wer bist du, wer sind wir oder sie)?" dem Gesichtspunkt einer natürlichen Gleichheit oder Artgleichheit (*likeness of kind*) unterzuordnen. Und dieser Zug zu einer umfassenden, intellektuell ebenso schwer spezifizierbaren wie emotional leicht nachvollziehbaren und unauslöschlichen Identität war so stark, dass er oft mit dem Prozess der Modernisierung selbst gleichgesetzt worden ist.[6] Ein relativ kurzer, lokal stark begrenzter und ohnehin alles andere als abgeschlossener Entwicklungsprozess wurde zum Paradigma für politische Entwicklung überhaupt erkoren. Inzwischen haben jedoch sowohl die antikolonialen Revolutionen – von der indischen der späten vierziger Jahre bis zur angolanischen der frühen siebziger Jahre – als auch der gegenwärtige Zerfall der Blöcke dieses Vorurteil, wie ich es nennen würde, in Frage gestellt. Beide Ereignisse sind in Wirklichkeit Aspekte einer einzigen Umwälzung.

Im Zuge der antikolonialen Revolution vervierfachte sich innerhalb von vierzig Jahren die Zahl der als Länder, Nationen, Staaten oder Völker bezeichneten Einheiten: Sie alle wurden zu separaten Gesellschaften mit Name und Adresse. Diese Dynamik ist, wie ich im vorigen Kapitel bemerkte, der vorangegangenen europäischen Entwicklung von Nationalstaaten ganz einfach summarisch gleichgesetzt beziehungsweise angeglichen worden – oder jedenfalls dem, was man für diese Entwicklung hielt. Vor allem im Pathos ihrer Frühphasen, in den Tagen Nkruhmas, Nehrus, Hos, Sukarnos, Maos und Titos, galt die antikoloniale Revolution in den Worten Benedict Andersens, des Theoretikers der Großen Erzählungen, als „die letzte Welle" einer weltweiten Entwicklung zu einem „vom politischen Bewußtsein praktisch nicht mehr zu trennenden Nation-Sein".[7] Erst in letzter Zeit haben Entwicklungen sowohl innerhalb dieser Gebilde als auch ihrer Beziehungen untereinander das Bild ein wenig getrübt. Weder der innere Zerfall Nigerias, Sri Lankas und Algeriens, noch der Terror in Kambodscha, weder der sudanesische Völkermord noch der jemenitische Bürgerkrieg vertragen sich mit dem Erwartungsmuster nationalstaatlicher Konsolidierung. Und was das Auseinanderfallen der Ordnung von Jalta betrifft, so ist mit ihr auch die Vorstellung analoger, in einem wohldefinierten Machtmuster angeordneter Elemente geschwunden. Die Auffassung, dass die Welt aus atomähnlichen Nationalitäten bestehe, die entweder mächtig oder ohnmächtig sind, ist heute nur noch schwer zu artikulieren; zu verteidigen ist sie kaum noch. Es erscheint plötzlich oder wieder einmal als konzeptuell nützlich, moralisch notwendig und politisch realistisch, der Verschmelzung der Dimensionen politischer Gemeinschaft zu widerstehen und die Affinitätslinien hervorzuheben, die aus abstrakten Populationen sichtbare und unterscheidbare öffentliche Akteure machen.

2

In Verfolgung dieses Ziels könnte man nun einfach die Begriffspaare „Volk und Gesellschaft", „Gesellschaft und

Staat", „Staat und Nation" und so weiter systematisch untersuchen. Auf diese Weise ließe sich zumindest ein Teil der Missverständnisse klären, die aus ihrer mangelnden Unterscheidung entstehen. Bis zu einem gewissen Grad ist dies bereits geschehen, wenn auch eher sporadisch und unsystematisch. Das gilt vor allem für das Prinzip der nationalen Selbstbestimmung und für Kombinationen aus den Termini „Nation" und „Staat", die mittlerweile etwas kritischer gesehen werden. Längst ist nicht mehr klar, ob jede Gruppe, die einen Staat will, wie etwa die Tamilen oder die Kurden, auch einen haben sollte, oder ob jede Gruppe, die einen Staat hat, wie etwa Surinam oder Zaire, schon per se eine Nation ist. Doch ich möchte mich in der Folge auf ein Begriffspaar beschränken, nämlich auf die Termini „Land" und „Nation", und mich darauf konzentrieren, ersteren aus den Tentakeln des letzteren zu befreien. Denn deren Verschmelzung oder Verwechslung läst die Idee des Landes fast gänzlich untergehen. Damit wird nicht nur verdeckt, was sich an einem bestimmten Ort zuträgt, sondern es wird auch der tatsächliche Aufbau unserer heutigen Welt verdunkelt.

Die einfachste Art, die beiden Begriffe auseinanderzuhalten, besteht selbstverständlich darin, sie einander gegenüberzustellen. Man kann den einen in die Nähe des Nationalismusbegriffs rücken und verdammen, als (um den letzten amerikanischen Botschafter in Jugoslawien und seine ansonsten hellsichtige Darstellung des dortigen Geschehens zu zitieren) etwas „von Natur aus gegen die Regeln der Zivilität Gerichtetes, Antidemokratisches und Separatistisches, insofern es einer ethnischen Gruppe die Macht über andere verleiht". Und man kann den anderen Begriff mit „Patriotismus" verbinden und preisen: als anständige und herzerwärmende Liebe zu einem bestimmten Ort mit seinen grünen Tälern oder seinen Straßencafés, dem Ruf seiner Muezzins oder dem nebelverhangenen Fuji, den Campi und Piazze oder dem Duft der Nelken. Oder man kann „Nation" und „Land" als gegensätzliche und unversöhnliche Ausdrucksformen des Nationalismus als solchen objektivieren: als gute und böse Varianten des „ethnischen" oder „staatsbürgerlichen", des „offiziellen" oder „volkstümlichen", des „entzweienden" oder „einigenden", des „habsburgischen" („östlichen") oder „liberalen" („westlichen") Nationalismus, und so weiter.[8] Beide Male erhält man eine manichäische Darstellung, die eifersüchtiges Provinzlertum und hemmungslose Xenophobie einem gerechtfertigten Stolz und gelassenen Selbstvertrauen gegenüberstellt.

Auf einer stark verallgemeinernden Ebene – vom schwebenden Ballon aus – wirkt dieses Bild durchaus plausibel: Der mit Hitler oder Karad•ic assoziierte Nationalismus scheint sich von dem Lincolns oder Ghandis scharf und deutlich abzugrenzen. Doch sobald wir uns zu einzelnen Fällen hinabbegeben, beginnt das Bild zu verschwimmen. Denn aus nächster Nähe zeigt sich, dass etwa dem Ethnizismus (wenn es denn einer ist) Israels oder Bangladeschs, Ungarns oder Singapurs, oder dem Patriotismus (wenn dies einer ist) Castros oder Solschenizyns, Enoch Powells oder Jean-Marie Le Pens weder die eine noch die andere Bewertung gerecht wird. Betrachten wir zum Beispiel Kanada, Sri Lanka und (das ehemalige) Jugoslawien. Alle drei Länder sehen sich – in unterschiedlichem Maße – mit gewichtigen und bedrohlichen kollektiven Identitäten konfrontiert, die sich als Nationalitäten artikulieren und sich gegenüber jeder Einbindung als resistent erweisen. Die jeweilige Relation zwischen „Land" und „Nation" unterscheidet sich bei den drei Beispielen so sehr, dass sie weder als dichotomer Gegensatz noch als Verschmelzung zu fassen ist. Und wenn wir von hier aus weitergehen nach Burundi, Nigeria, Afghanistan, Indonesien, Belgien oder in die Vereinigten Staaten (um die Schweiz und den Libanon als beinahe zu exemplarische Fälle beiseite zu lassen), so werden die Dinge nur noch komplexer. Wieder einmal sind wir verwiesen auf eine Art politischer oder politisch-ökonomischer Ethnographie, die die Beziehungen zwischen einzelnen Ländern, ihre Affinitäten und Dissonanzen nachzeichnet, in die sie fast überall – nein überall – verwickelt sind.

Wenn es denn einen Unterschied zwischen „Land" und „Nation" hervorzuheben gilt, so ist es nicht der zwischen zurückhaltender Zivilität und aufdringlicher Leidenschaft (dass dieser Gegensatz nicht die Regel ist, zeigen die Beispiele Chinas, Frankreichs, Marokkos oder Argentiniens). Der Unterschied liegt vielmehr darin, dass das Land politische Arena, die Nation aber politische Kraft ist. „Land" beschreibt einen eingegrenzten und bis zu einem gewissen Grad willkürlich konstituierten Raum, innerhalb dessen gemeinhin die öffentlichen Auseinandersetzungen ausgetragen werden. Es ist die Sphäre, in der die soziale Interaktion geordnet, Lebenschancen verteilt, produktive Ressourcen vergeben, kurz: die „inneren Angelegenheiten" geregelt werden. Im Unterschied dazu steht „Nation" für eine der wichtigsten Energiequellen, aus der sich diese Auseinandersetzungen speisen: für das Bewusstsein, von wem man abstammt, wem man in seinem Denken und Aussehen, Sprechen und Essen, Beten und Bewegen ähnlich ist und wem man sich daher verbunden fühlt, was immer auch passieren mag.

Das Wechselspiel zwischen dem Terrain der Politik und ihrer Artikulierung zeigt sich deutlich am Beispiel der drei erwähnten Länder und ihren Nationalitätenkonflikten — Kanada, Sri Lanka und das als mächtiger Schatten immer noch gegenwärtige Jugoslawien. Auch wenn hier nicht der Platz ist, auf ihre Geschichten einzugehen, ihre Zukunftsaussichten einzuschätzen oder über Recht und Unrecht zu urteilen, so ist die den dreien gemeinsame Dynamik doch offensichtlich. Wir sollten uns zunächst vor Augen führen, dass sich jene Brüche und Solidaritäten, die unter anderem aus Sprache, Abstammung, Rasse und Religion entstehen, von einem Fall zum anderen ebenso stark unterscheiden wie die Räume und Ränder, innerhalb derer und an denen diese Brüche und Solidaritäten stets neu arrangiert und wieder aufgelöst werden. Die Besonderheiten dieser Unterschiede berühren wesentlich das, was wir, mit gutem Grund und vielleicht ohne recht zu wissen warum, den Boden der Tatsachen nennen. Ein sehr großes und sehr ungleichmäßig besiedeltes Land, eine kleine Insel unweit der Küste eines Kontinents und schließlich eine Collage aus Bergtälern, umschlossenen Ebenen, tiefeingeschliffenen Flussläufen und engen Küsten, umgeben von eifersüchtigen Nachbarn: Sie bilden je spezifische, ganz unterschiedliche Vorstellungsrahmen für den Konflikt der Identitäten und sind mit Geschichte aufgeladene Orte, die die Struktur dieses Konfliktes stark prägen.

So beschreibt Conrad Black, Torontos zynischer Pressemagnat, Kanada als „historisch gesehen ... eine Ansammlung von Menschen, die nicht Amerikaner waren: Frankokanadier, die nach dem militärischen Sieg Großbritanniens 1763 von Frankreich im Stich gelassen wurden, Loyalisten des Britischen Empire, die vor der amerikanischen Revolution flohen, Immigranten und Flüchtlinge aus Europa und neuerdings auch aus anderen Gegenden, so auch aus den Vereinigten Staaten. Neufundländer, die sich 1849 mit knapper Mehrheit dafür entschieden, eine kanadische Provinz zu werden, nachdem sie als unabhängiges Dominion bankrott gemacht hatten".

Vielleicht nicht untypisch, vergisst Black zu erwähnen, dass in Kanada nicht zuletzt eine beträchtliche Zahl ganz verschiedener indianischer Stämme lebt. Wohl ohne Zweifel ist in Kanada die Differenz zwischen dem Imaginationsraum, innerhalb dessen sich die Politik bewegt (zehn Millionen Quadratkilometer zwischen Detroit und dem nördlichen Polarkreis) und den diese Politik prägenden kollektiven Identitäten unübersehbar.[9] Zumindest Ausländer nehmen die Auseinandersetzungen in diesem Land gerne als eine Konfrontation zwischen französischer *fierté* und englischer Sturheit wahr. Doch in Wirklichkeit handelt es sich um eine „tiefe Vielfalt", deren Momente auf einem immensen Territorium aufeinandertreffen, das unvollständig erforscht und ungleichmäßig besiedelt ist und dessen Ressourcen ungleich verteilt sind. Dementsprechend groß ist auch der Spielraum zum Manövrieren zwischen wie immer definierten Teilen und Gesamtheiten. So konzentrieren sich etwa neunzig Prozent der Bevölkerung in einem Gebiet innerhalb von dreihundert Kilometern Entfernung zur Grenze der Vereinigten Staaten. Die Hälfte der Bevölkerung lebt im Korridor zwischen Toronto und Montreal und ein Viertel im zu achtzig Prozent französischsprachigen Quebec. Der mehr oder weniger dem Dauerfrost ausgesetzte Norden macht etwa neun Zehntel des Landes aus und birgt den Großteil der Bodenschätze. Er ist so dünn besiedelt, daß die Indianer in der

Regel die Mehrheit bilden. Und damit ist die Komplexität nur angedeutet. Denn es gibt eine weitere französische Minderheit in New Brunswick, Inuit in den North West Territories, Ukrainer, Asiaten (eine schnell wachsende Gruppe) und wieder andere Indianer im Westen, französisch-indianische Mischlinge in den Wäldern Zentralkanadas, die ihr eigenes Kreolisch sprechen, flächendeckendes Englisch in Neufundland, und so weiter.

Kanadas politische Geschichte der letzten Jahrzehnte (und auch schon davor) besteht aus einer ganzen Reihe von Manövern zwischen jeweils unterschiedlich verstandenen Teilen und Ganzen. Sie sind in der Mehrzahl gescheitert, oder unvollendet geblieben, mit einer ungewissen Zukunft. So gibt es immer wieder Versuche, die Verfassung umzuschreiben, obwohl sie bereits zu den regionalisierungsfreundlichsten der Welt gehört und nur das ausgehöhlte Belgien oder der ausgebrannte Libanon sie darin zu überbieten scheinen. Regionale Institutionen wie das Yukon Council oder die Metis Association werden gegründet, die inneren Grenzverläufe werden korrigiert (zum Beispiel die Einrichtung des Nunavut Territory für 1999) und die Ressourcen des Landes unter den Regionen und Gruppen neu verteilt. Vor allem gibt es die Anstrengung, Quebecs wieder und wieder angedrohte Sezession zu verhindern oder, falls dies misslingt, sich auf sie vorzubereiten. Und da Kanada im wesentlichen durch eine einzige Grenze definiert ist, bemüht es sich gleichzeitig um die Wahrung seiner Integrität und Selbstbestimmung gegenüber dem, was seine Politiker vorsichtig als „unseren großen Nachbarn im Süden" bezeichnen.

Das Ergebnis ist eine chronische „Kanada, wohin?"-Debatte, in der Sprache, Religion, Ethnizität und Regionalismus ständig im Begriff zu sein scheinen, das Land in seiner Gestalt zu verändern, seine Konturen und die Topographie der gesamten politischen Landschaft neu zu zeichnen. Bis jetzt ist dies noch nicht gelungen, aber die weitere Entwicklung ist in jeder Hinsicht ungewiss. Wird sich Quebec eines Tages abspalten, teilweise abspalten (als „ein souveräner Staat innerhalb eines souveränen Staates") oder nur weiter ohne Unterlass seine Abspaltung androhen? Wie wird es im Falle einer Trennung seine Beziehungen zum restlichen Kanada und zu den indianischen Stämmen innerhalb seiner eigenen Grenzen gestalten? Wird es in der Auseinandersetzung um den Besitz der Bodenschätze auf indianischem Gebiet (etwa die Hälfte des von Quebec beanspruchten Gebietes ist mehrheitlich von Algonkin und Inuit bewohnt) dem J. Paul Getty zugeschriebenen Diktum folgen: „The meek may inherit the earth, but they can forget about the mineral rights"? Werden die Animositäten zwischen Ontario und den westlichen Provinzen weiter zunehmen angesichts der Tatsache, dass der Südosten schon jetzt die Hälfte des Bruttoinlandsproduktes erwirtschaftet und in einem Kanada ohne Quebec den bei weitem überwiegenden Anteil stellen würde? Oder werden die Ressentiments zwischen der verbleibenden englischsprachigen Minderheit Montreals und der französischen Mehrheit neue Gräben aufreißen? Welcher Ordnung wird schließlich der riesige, weite Norden unterstellt werden, jetzt, da immer mehr „europäische" Kanadier dorthin zu ziehen beginnen?

Ähnliche Fragen betreffen die Beziehungen Kanadas zu seinem Nachbarn. Black, der übrigens in Quebec als Angehöriger der englischsprachigen Minderheit auf die Welt kam und seitdem wie viele der Seinigen (etwa 100.000 seit den Anfängen des Separatismus im Jahr 1976) in die

Umgebung Torontos gezogen ist, entwirft für den Fall der Auflösung des bikulturellen Staates ein Szenario, das er, wie ich annehme, ironisch, „A More Perfect Union" nennt: ein Bund aus dem englischsprachigen Kanada und den Vereinigten Staaten, der laut Black die „komplizierte Demographie" der USA einrenken könnte, denn damit wäre Amerika „geopolitisch fast wie neugeboren".[10] Ob Black seiner eigenen Vision Glauben schenkt, sei dahingestellt. Doch das Beispiel macht deutlich, dass Kanada weniger ein einheitliches Land ist als ein Feld von (als Kulturen wahrgenommenen) „*breeds*", „*kinds*" oder „*stocks*" (s. o. S. 43 ff.) von Menschen. Für die Vereinigten Staaten, von denen Herder sagte, dass sie „voll" seien „von so vielen kleinen Nationen", gilt dies natürlich um so mehr.

Sri Lanka, das ehemalige Ceylon, könnte auf den ersten Blick Kanada kaum unähnlicher sein. Eine kleine Insel und kein Gebiet von kontinentaler Ausdehnung, ist es etwa einhundertfünfzig Mal kleiner und einhundert Mal dichter besiedelt. Während sich in Kanada die Bevölkerung in separaten und durch weite, leere Landstriche getrennten Zentren konzentriert, verteilen sich Sri Lankas Bewohner einigermaßen gleichmäßig über das Land. Es ist alles andere als eine Ansammlung von mehr oder weniger zufällig und in relativ kurzer Zeit zusammengewürfelten Völkern: Einhundertfünfzig Jahre Kolonialherrschaft und eine mehr als tausendjährige Geschichte haben sich hier niedergeschlagen. Sri Lanka ist zudem tropisch, asiatisch und kaum industrialisiert. Um so bemerkenswerter ist, dass die inneren Spannungen, die Sri Lanka und Kanada zu zerreißen drohen, einander in mehrerer Hinsicht erstaunlich ähnlich sind. Und zwar ungeachtet der Tatsache, dass die Konflikte des Inselstaats viel schwerer sind und mit viel mehr Hass und Gewalt ausgetragen werden.[11] Ebenso wie Kanada ist Sri Lanka weniger eine Art „*stock*" oder „*kind*" als ein geschichtlich geprägtes Terrain. Es ist ein Raum, in dem sich diese Gruppen in einem ständigen Rangeln und Manövrieren gegenseitig definieren; ein Milieu, in dem sie ihre Eigenheiten und kollektiven Interessen wechselseitig konstituieren.

Sri Lanka wurde in den vergangenen vier Jahrzehnten von Auseinandersetzungen um kollektive Identitäten verheert. Das – zumindest für Außenstehende – Auffallendste an diesen Konflikten ist dabei nicht so sehr deren ungewöhnlich ausgeprägte Bipolarität. In dieser Hinsicht ist Sri Lanka eine Ausnahme und am ehesten mit Ruanda, Burundi und vielleicht mit Nordirland vergleichbar, während die Konflikte in Nigeria, Jugoslawien, Indien, Kanada oder den Vereinigten Staaten in sich vielfältiger und ineinander verzahnt sind. Es geht auch nicht um die Tatsache, dass diese Auseinandersetzungen so ausdauernd und grimmig geführt werden und sich konsequent gegen Kompromisse sperren. Das Bemerkenswerte ist vielmehr, dass wir es hier mit dem Konflikt zweier Gruppen zu tun haben, deren jede sich gegenüber der anderen in der Rolle der Minderheit sieht, und dass dieser Konflikt erst in jüngster Zeit aus der Verwirrung um das Verständnis des Wörtchens „selbst" im Terminus „Selbstbestimmung" entstanden ist. Dies erstaunt um so mehr in einem Land, das ansonsten eher stabil, fortschrittlich und einigermaßen erfolgreich ist: Sri Lanka hat ein langsames Bevölkerungswachstum, eine kontrollierte Inflation, ein laufend verbessertes Bildungssystem, eine passable Wachstumsrate, eine Kindersterblichkeitsrate, die der chilenischen oder der südkoreanischen vergleichbar ist, und eine Lebenserwartung, die etwa der Ungarns oder Argentiniens entspricht.[12]

Die für Sri Lanka spezifische Konstellation zweier Minderheiten ist das Ergebnis folgender Umstände: Im Gegensatz zu den ungefähr zwölf Millionen Singhalesen, die zumeist Buddhisten sind und eine indoeuropäische Sprache sprechen, leben neben den drei oder vier Millionen Tamilen in Sri Lanka, zumeist Hindus mit einer dravidischen Sprache, dreißig oder vierzig Millionen Tamilen (die Zahl ist bezeichnenderweise umstritten) außerhalb des Landes, jenseits der Palkstraße in Südindien. So können Singhalesen wie Tamilen davon überzeugt sein, dass die jeweils andere Gruppe im Begriff ist, sie zu verschlingen. Die Singhalesen fürchten den tamilischen Expansionismus, der unter dem Banner eines freien und unabhängigen Tamilnad periodisch aufflackert, während die Tamilen eine singhalesische Alleinherrschaft verhindern wollen – ein zentrales Thema in den politischen Unruhen seit Erlangung der Unabhängigkeit. Dass diese Unabhängigkeit selbst eine ruhige und undramatische, beinahe hinter verschlossenen Türen arrangierte Angelegenheit war – kein Krieg, keine Revolution, kaum Unruhen –, ändert daran wenig.

Nicht alte Zerwürfnisse oder lange gehegte Ängste lösten also die ethnischen Unruhen aus, sondern die Schaffung eines Landes, genauer: die offizielle Proklamation eines Landes, wo zuvor eine Kolonie bestand. Bis 1948 – und noch einige Jahre danach – sorgte eine bikulturelle, anglisierte und in Colombo eingesessene Elite für mehr oder weniger geordnete Verhältnisse. Bestehende Gruppenkonflikte waren diffus und regional begrenzt. Sie wurden durch vielfache Differenzierungen, feste Abkommen, gruppenübergreifende Loyalitäten und die praktischen Verwicklungen des täglichen Lebens unter Kontrolle gehalten. Doch Mitte der fünfziger Jahre begann diese fragile und ein wenig künstliche Einvernehmlichkeit zu zerbrechen. Sie wich einer radikalen Spaltung der Bevölkerung in die Hauptkategorien „singhalesisch" und „tamilisch" (bzw. ihren Korollarien „buddhistisch" und „hinduistisch", „indoarisch" und „dravidisch") und einer Spirale der Gewalt. Mißtrauen, Eifersucht und Hass beherrschen bis heute das Land – trotz einer Reihe von (den kanadischen nicht unähnlichen) Vorschlägen zur Verfassungsreform, trotz ständiger Regierungsumbildungen und der zuerst zögernd herbeigerufenen und inzwischen eingestellten Hilfe der indischen Armee.

Was innerhalb nur weniger Jahre zu dieser Situation führte, können wir hier beiseite lassen: Die Machtergreifung singhalesischer Demagogen und die Ablehnung der englischsprachigen Elite durch die singhalesisch- und tamilischsprachigen Massen, der nach wie vor unentschiedene Sprachenkampf, die Verwandlung des Buddhismus in einen militanten Glauben, zunehmender tamilischer Separatismus, Intensivierung der Beziehungen zu Südindien, wachsende Binnenwanderung, religiöse Segregation und ethnische Sammlungsbewegungen, zunehmender Terrorismus auf beiden Seiten, die Renaissance einer Mythologie der Religions- und Rassenkriege, tamilische Eroberungen und singhalesische Vertreibungen ... Die Details, und mehr noch ihre Bedeutung, bleiben dunkel. Wichtiger sind einmal mehr die – gefeierten oder angefochtenen – historisch konstituierten und wieder aufhebbaren Grenzen und Abgrenzungen (*bounds*) eines Landes. Sie bilden den Rahmen, in dem sich Identitätskonflikte kristallisieren, sie bilden die belebte und überfüllte Bühne, auf der diese Konflikte gelöst werden – oder eben nicht. Es ist der Ort des Geschehens, der von Bedeutung ist.

Das gilt besonders für den Balkan. Wenn ich mich nun sehr kurz Jugoslawien (oder, wie wir jetzt sagen müssen, dem „ehemaligen Jugoslawien") zuwende, so nicht mit der Absicht, ein Problem zu lösen, an dem bisher jeder gescheitert ist, einschließlich der ebenso gewieften wie erfolglosen Herren Vance und Owen mit ihrem Zehn-Punkte-Plan zur Restrukturierung Bosnien-Herzegowinas. Ebensowenig kann ich hier den quälenden Fragen der Moral und des politischen Handelns gerecht werden, die Jugoslawien an eine Welt stellt, die auf sie weder vorbereitet war, noch an ihnen interessiert zu sein scheint. Ich möchte mit diesem Land lediglich meine kurze, illustrative und willkürliche Serie instruktiver Fallbeispiele beschließen (ebenso hätte ich dazu Belgien, Nigeria und Afghanistan, oder Brasilien, Ruanda und die Tschechoslowakei heranziehen können). In allen diesen Fällen sollten wir unterscheiden zwischen dem Land als einem geschichtsträchtigen Raum – ein Ort, ein Name und die Erinnerung an eine Vergangenheit – einerseits und der Affinitäten und Solidaritäten stiftenden Frage „Wer sind wir?" andererseits, die diesen Raum konsolidiert – oder durcheinanderbringt. Denn beim Nachdenken über die zersplitterte Welt wird uns eher die Unterscheidung dieser beiden Aspekte helfen als ihre Fusion zur dämonisierten Einheitsgröße „Nationalismus". Jugoslawien (ich erspare mir von nun an aus stilistischen Gründen das „ehemalige") stellt einen Fall dar, in dem die Spannungen, die bisher in Kanada unter Kontrolle und in Sri Lanka – trotz der Gewalt – noch einigermaßen erträglich gehalten werden konnten, innerhalb von fünf Jahren ein Land zerstört: es im wörtlichen Sinn zerlegt und in Stücken zurückgelassen haben.[13]

Der „Vorzug" (die Anführungszeichen sind hier sehr nachdrücklich gesetzt) des jugoslawischen Falls liegt darin, dass das Land nach der erbarmungslosen Logik „Wer A sagt, muss auch B sagen" zerfiel, oder vielmehr auseinandergenommen wurde, und dass die Stadien dieses dramatischen Prozesses deutlich sichtbar und auseinanderzuhalten sind. Da war zum einen Milosevics Rede in der Hauptstadt des Kosovo zum sechshundertsten Jahrestag der berühmten verlorenen Schlacht gegen die Türken. Sie machte noch den überzeugtesten Jugoslawen (damals noch zahlreich und alles andere als machtlos) klar, dass die serbische Frage wieder aktuell war und es bleiben würde. Da war die fast fluchtartige Verabschiedung Sloweniens aus dem Bund im konfusen Zehn-Tage-Krieg vom Juni 1991, die kroatische Unabhängigkeitserklärung und die Anerkennung beider Akte durch ein Deutschland, das sich gerade wiedervereinigte und als vollwertiger Partner in der europäischen Politik mitzumischen begann. Als Belgrad anfing, seinen serbischen Enklaven beizuspringen, folgte der Ausbruch des Krieges in Kroatien. Nach der Unabhängigkeitserklärung von Bosnien-Herzegowina Mitte 1992 verlagerte sich der Kriegsschauplatz dorthin. Vance und Owen hatten kein Glück mit ihrem Plan von 1993, der Bosnien aufteilen sollte, um es zu retten. Der (immer wieder gebrochene) Waffenstillstand von Sarajevo 1994 und ein weiterer Teilungsplan machten dem Morden kein Ende. Jedes einzelne dieser Ereignisse (und ich könnte viele weitere aufzählen: die Beschießung Dubrovniks, die Einäscherung Vukovars, die Belagerung Sarajevos, die Zerstörung Mostars) stellt eine Phase in einem einzigen Prozess dar: die konsequente Auslöschung eines Landes und der Versuch, dem, was übrigbleibt, neue Konturen zu geben.

Freilich hatte das Land nie wirklich tiefe Wurzeln. Seine Geschichte war kurz, schwindelerregend, voller Unterbrechungen und Gewalt. Die Weltmächte fügten es nach dem Ersten Weltkrieg aus einigen der Sprach-, Religions- und Stammesenklaven zusammen, die in den Balkankriegen aufgewiegelt und dann von Österreich-Ungarn zurückgelassen worden waren. Vom Moment seiner Entstehung war Jugoslawien heimgesucht von inneren und äußeren Angriffen auf seine Integrität – von kroatischem oder mazedonischem Separatismus, von ungarischem oder bulgarischem Irredentismus. In nur achtzig Jahren folgten Monarchie, parlamentarische Republik, nationalsozialistische Besatzung, kommunistische Diktatur und wieder parlamentarisches System aufeinander.

Es scheint fast ein Wunder, dass das Land sich überhaupt so lange gehalten hat, doch zumindest rückblickend dürfte die jugoslawische Idee besonders in den Städten und Großstädten seinerzeit weitgehend Fuss gefasst haben. Und wie endgültig die Tatsache seines Verschwindens auch sein mag, so ist keineswegs ausgemacht, dass sich die Anziehungskraft Jugoslawiens – die von ihm verkörperte Idee eines Landes im nördlichen Balkan mit einer multikulturellen Bevölkerung – gänzlich erschöpft hat. Der Krieg, der Jugoslawien zerstört hat, war zuerst ein jugoslawischer, dann ein serbisch-kroatischer und schließlich ein bosnischer. Er war eine Folge von immer brutaleren und verrückteren Versuchen, etwas zu ersetzen, das beinahe versehentlich verloren gegangen war: weder ein Staat noch ein Volk, weder eine Gesellschaft noch eine Nation, denn nichts davon war Jugoslawien jemals mehr als nur im Ansatz gewesen – sondern ein Land. Jugoslawien, oder ein letztes Mal, „das ehemalige Jugoslawien", ist geradezu ein Paradefall der faktischen und inhaltlichen Nichtübereinstimmung der beiden so oft in Eins gesetzten und miteinander verschmolzenen Konzepte „Nation" und „Land". Es beweist uns *ex negativo* das Gewicht, die Macht und Bedeutung des letzteren.

Misha Glenny schreibt über einen Freund, Professor der Rechtswissenschaften an der Universität Sarajevo und ehemaliger Politiker: „Zdravko Grebo ist ein Bosnier, der Humor und Kultiviertheit ausstrahlt. Seine Eltern waren Moslems aus Mostar, doch er selbst wuchs in Belgrad auf und bezeichnete sich selbst dann noch als Jugoslawen, als er offen eingestand, daß Jugoslawien nicht mehr existiert. ‚Wie sonst soll ich mich nennen', fragte er sich, ‚nach all den Jahren kann ich mich doch jetzt kaum als einen Moslem oder Serben bezeichnen.' Bosnien (und vor allem Sarajevo) wies den höchsten Prozentsatz an Personen auf, die sich in der Volkszählung als Jugoslawen deklarierten. Als Jugoslawien im Blut seines eigenen Volkes unterging, wurden diese Jugoslawen mitsamt der Identität, an die sie sich klammerten, von einem Strom vergifteter Geschichte weggespült..."[14]

3

Freilich muss es nicht immer so weit kommen. Und es ist, vom Libanon, vielleicht von Liberia und vom Sudan abgesehen, in den meisten der von inneren kulturellen Bruchlinien gezeichneten Ländern, wenn wir uns an die Zahlen halten, auch nicht so weit gekommen. Indonesien, die Vereinigten Staaten, Indien, Ägypten, Kenia, Guatemala, Malaysia und Belgien sind dafür Beispiele. Auch Kanada hält noch zusammen, und falls es (was im Moment wenig wahrscheinlich ist) dazu einmal nicht mehr fähig sein sollte, dürfte es zu jener Art samtener Scheidung finden, auf die sich die Tschechoslowakei oder davor Singapur und Malaysia geeinigt haben. Sri Lanka wird seine Spannungen vielleicht mit Hilfe einer flexiblen und offenen Verfassungsstruktur nach dem Vorbild Südafrikas unter Kontrolle bringen können, einem, wie es schien, dem Chaos und Untergang geweihten Land, dem man noch vor wenigen Jahren einen solchen Sprung kaum zugetraut hätte. Sogar in Jugoslawien hätte das Schlimmste noch verhindert werden können, wenn, wie Glenny meint, „die Europäische Gemeinschaft und die Vereinigten Staaten die unerfahrenen oder opportunistischen Politiker zu einer allseits gebilligten Aufteilung des Landes angeleitet hätten." Und wenn die Gräuel nicht auf den südlichen Balkan überspringen sollen, bleibe, so Glenny, diese Aufgabe aktuell.[15]

Wir scheinen eine neue Politik zu benötigen: eine Politik, die die ethnische, religiöse, rassische, sprachliche oder regionale Selbstbehauptung nicht als archaische oder angeborene, als zu unterdrückende oder zu überwindende Unvernunft sieht, eine Politik, die diese Arten kollektiven Ausdrucks nicht wie einen verächtlichen Wahn oder einen finsteren Abgrund behandelt, sondern mit ihnen umgeht wie mit Ungleichheit, Machtmissbrauch und anderen gesellschaftlichen Problemen auch. Eine Politik mithin, welche in diesen Phänomenen eine Realität sieht, die zur Kenntnis genommen werden und mit der man sich auseinandersetzen muss, die moduliert und arrangiert werden will.

Eine solche Politik wird von einem Ort zum nächsten so sehr variieren wie die Situationen, mit denen sie konfrontiert ist. Ihr Erfolg wird davon abhängen, ob sie die Triebfedern findet, von denen jeweils die Differenzierung oder Entzweiung der Identitäten ausgehen. Er hängt von der Entwicklung einer Einstellung ab, die diesen Motivationen weniger vereinfachend, weniger dämonisierend, weniger verständnislos negativ gegenübertritt und in ihnen mehr sehen kann als nur Relikte der Wildnis oder früherer Stadien menschlicher Existenz. Es wird dabei auch darum gehen, die Prinzipien des Liberalismus und der Sozialdemokratie – nach wie vor unsere besten Leitfäden in Angelegenheiten des Rechts, der Politik und öffentlicher Fragen – an Umstände anzupassen, gegenüber denen diese Grundsätze zu oft abweisend, reaktiv, verständnislos, eben philosophisch blind gewesen sind. Vielleicht am wichtigsten ist es aber, eine klarere, stärker kontextbezogene und weniger mechanische, stereotypische und klischeebehaftete Vorstellung davon zu entwickeln, worin diese Politik selbst besteht und was sie eigentlich ist. Mit anderen Worten, ihr Gelingen wird davon abhängen, ob wir zu einem besseren Verständnis von Kultur gelangen – als dem bedeutungsstiftenden Rahmen, in welchem die Menschen ihre Überzeugungen, Solidaritäten und ihr Selbst leben und gestalten, und als einer ordnenden Kraft in den Fragen menschlichen Zusammenlebens.

Und dies bedeutet, um es noch einmal zu sagen, eine kritische Haltung gegenüber Denkweisen, die die Dinge auf Einförmigkeit, auf Homogenität, auf Gesinnungsgleichheit und Konsens reduzieren. Das Vokabular kultureller Beschreibung und Analyse muss geöffnet werden, damit Abweichung, Vielfalt und Nichtübereinstimmung darin Platz finden. Denn ebensowenig wie die Länder können die Identitäten, die den Ländern ihre Farben verleihen, ob moslemisch oder buddhistisch, französisch oder persisch, schwarz oder weiß, als nahtlose Einheiten und ungebrochene Ganzheiten verstanden werden.

III. Was ist eine Kultur, wenn sie kein Konsens ist?

1

Die Welt von heute zeichnet sich durch ein Paradox aus, auf das zwar gelegentlich hingewiesen, über das aber wenig nachgedacht wird: Die wachsende Globalisierung geht einher mit einer Zunahme neuer Differenzierungen, es gibt immer weitgreifendere Verbindungen bei immer verwickelteren Teilungen. Kosmopolitismus und Provinzgeist sind keine Gegensätze mehr, sie sind miteinander verbunden und verstärken sich wechselseitig.

Der Siegeszug der Technologie, insbesondere auf dem Gebiet der Kommunikation, hat die Welt zu einem einzigen Netz von Information und Kausalität verknüpft. Wie der berühmte Flügelschlag eines Schmetterlings über dem pazifischen Ozean ein Gewitter über der iberischen Halbinsel auszulösen vermag, so können heute Veränderungen an irgendeinem Ort Störungen an einem beliebigen anderen herbeiführen. Wir alle sind amerikanischen Anlageverwaltern und ihren Spekulationen mit mexikanischen Wertpapieren ausgeliefert oder britischen Bankern in Singapur, die auf Tokioter Derivate setzen. Erdbeben in Kobe oder Überflutungen in den Niederlanden, italienische Skandale oder saudische Ölförderziele, chinesische Waffenverkäufe oder kolumbianischer Drogenschmuggel haben nahezu unmittelbare und verstärkte Auswirkungen weitab von ihrem Ursprung. CNN liefert das Abschlachten in Bosnien, den Hungertod in Somalia oder die Flüchtlingslager in Ruanda direkt in die Wohnzimmer der Welt. Orte, eben noch unbekannt und provinziell, konkurrieren für kurze Zeit mit den großen Metropolen um die Aufmerksamkeit der Weltöffentlichkeit: Grosny, Dili, Ayodhya, Cristóbal de las Casas, Kigali, Belfast, Monrovia, Tiflis, Pnom Penh oder Port-au-Prince, um nur einige Beispiele zu nennen. Das Kapital ist mobil, und da es kaum ein Volk – nicht einmal die Samoaner sind hier eine Ausnahme – ohne Diaspora gibt, ist es auch die Arbeit. Es gibt japanische Unternehmen in den Vereinigten Staaten, deutsche in Indonesien, amerikanische in Rußland, pakistanische in Großbritannien und taiwanesische auf den Philippinen. Aus Berlin senden Türken und Kurden Geld in ihre Heimat, Maghrebiner und Vietnamesen tun dasselbe aus Paris, Zairer und Tamilen aus Brüssel, Palästinenser und Philippiner aus Kuwait City, Somalis aus Rom, Marokkaner aus Spanien, Japaner aus Brasilien und Mexikaner aus Los Angeles. Das Phänomen dieser weitreichenden Verbindungen und komplizierten Abhängigkeiten wird heute gerne als „globales Dorf", oder, nach einem Slogan der Weltbank, als „Kapitalismus ohne Grenzen" bezeichnet. Ein armes Dorf, da es weder Solidarität noch Tradition kennt, weder Mittelpunkt noch Grenze hat und es ihm an jeglicher Ganzheit mangelt. Und da der neue Kapitalismus nicht so sehr von einer Lockerung und Abnahme kultureller Abgrenzungen als von deren Neuformulierung, Vervielfältigung und, wie wir gesehen haben, oft genug von deren

Verschärfung begleitet wird, dürfte er wohl kaum grenzenlos sein.

Solche Abgrenzungen zu orten und nachzuzeichnen ist selbst im günstigsten Fall ein willkürliches Unternehmen. Denn die entsprechenden Bevölkerungsgruppen sind immer nur ungefähr charakterisierbar. In der Theorie ist es viel einfacher als in der Praxis, kulturelle Brüche und Kontinuitäten zu bestimmen sowie Gruppen von Individuen ein- und von anderen Gruppen abzugrenzen, indem man sie mehr oder weniger bestimmbaren Lebensformen zuordnet.

Dies gehörte von Anfang an zu den Aufgaben der Ethnologie. Die Lösung kann allerdings nicht darin bestehen, sich auf vage Banalitäten über das Wesen der Menschheit zu berufen oder nach fundamentalen Ähnlichkeiten und Gemeinsamkeiten zu suchen. Und sei es auch nur, weil, wie die Positivisten früher gerne sagten, Menschen „von Natur aus" Gegensätze aufbauen und Trennlinien ziehen. Weil sie sich, zu welcher Zeit und zu welchem Zweck auch immer, eher als französisch und nicht als englisch verstehen, als hinduistisch und nicht buddhistisch, als Hutu und nicht Tutsi, als hispanisch und nicht indianisch, schiitisch und nicht sunnitisch, Hopi und nicht Navajo, schwarz und nicht weiß, orange und nicht grün. Was immer wir uns an Aufklärung wünschen oder darunter verstehen, die Vielfalt der Kulturen bleibt bestehen, ja nimmt zu. Sie trotzt den mächtigen vernetzenden Kräften der modernen industriellen Produktion, des Geldes, der Mobilität und des Handels. Je mehr die Dinge zusammenrücken, desto mehr bleiben sie getrennt. Die eine Welt liegt so weit entfernt wie die klassenlose Gesellschaft.

Obwohl Fragen der kulturellen Ordnung der Welt doch eigentlich in das Gebiet der Ethnologie fallen, hat sie sich mit ihnen immer schwer getan. Diese Verlegenheit resultiert im wesentlichen aus den Schwierigkeiten, denen die Disziplin im Laufe ihrer verschlungenen Geschichte auf der Suche nach einem ihr angemessenen Kulturbegriff begegnet ist. Kultur galt vom neunzehnten Jahrhundert bis weit in das unsere in erster Linie als eine universale Eigenschaft menschlichen Zusammenlebens: als Inbegriff jener Techniken, Bräuche und Traditionen – Religion, Verwandtschaft, Feuer, Sprache –, die es vom Leben der Tiere unterscheiden. Der Gegenbegriff war dementsprechend „Natur". Die Ausdifferenzierung des Kulturbegriffs erfolgte am Leitfaden und nach Maßgabe der Distanz zur Natur: Monotheismus, Individualismus, Monogamie oder der Schutz des Privateigentums wurden danach bewertet, wie weit sie sich von der Natur entfernt und dem Licht der Vernunft genähert hatten. Erst nach dem Ersten Weltkrieg begannen sich Feldforschung und teilnehmende Beobachtung mit ihren auf einzelne Gruppen konzentrierten Langzeitstudien durchzusetzen. Viele Untersuchungen wurden auf Inseln oder in indianischen Reservaten durchgeführt, wo kulturelle Brüche und Grenzen leichter zu unterscheiden waren und wo die Auffassung, dass sich die Teile zu einem Ganzen fügen, plausibler erschien. Damit begann ein „konfigurationaler" Begriff von Kultur den alten gattungsbezogenen mit seiner diffusen, schwerfälligen und selbstbezüglichen Sichtweise zu verdrängen. Statt Kultur an sich gab es nun kompakte, zusammenhängende und zusammenhaltende, eigenständige Kulturen: soziale Organismen, semiotische Kristalle, Mikroweiten. Kultur war das, was alle Völker hatten, ob Griechen oder Navajos, Maoris oder Puertoricaner – und zwar jedes Volk seine eigene.[1]

Doch nach dem Zweiten Weltkrieg schwanden die isolierten (oder vermeintlich isolierten) Gesellschaften der Dschungel-, Wüsten- und Inselvölker, der Bewohner ferner arktischer Lebensräume dahin. Die Ethnologen lenkten ihre Aufmerksamkeit nun auf umfassendere, durchmischtere und widerspenstigere Studienobjekte wie Indien, Japan, Frankreich, Brasilien, Nigeria, die Sowjetunion oder die Vereinigten Staaten. An diesen Gegenständen erwies sich die konfigurationale Perspektive ihrerseits als gezwungen, schwerfällig und unglaubwürdig. Man konnte die Nuer im Sudan oder die Amhara in Äthiopien noch einigermaßen überzeugend als integrale Einheiten betrachten, zumindest wenn man innere Differenzierungen und äußere Verwicklungen ebenso ignorierte wie den breiteren historischen Kontext. Im Falle Äthiopiens oder des Sudans selbst war dies schon schwieriger und für Afrika schließlich unmöglich (obwohl einige Forscher es versucht haben). Minderheiten wie die Chinesen in Indonesien, die Juden in Marokko, die Inder in Uganda oder die Schwarzen in Amerika mögen bestimmte, ihnen eigene Züge aufweisen. Doch keine dieser Gruppen kann außerhalb des Kontextes der Staaten und Gesellschaften verstanden werden, in den sie eingebettet sind. Alles ist bunt gescheckt, durchlässig, verschränkt und verstreut. Die Suche nach einer Ganzheit ist hier kein zuverlässiger Leitfaden mehr, und (Ab-)Geschlossenheit wird zu einem unerreichbaren Ideal.

Das Bild einer Welt, die gesprenkelt ist mit verschiedenen Kulturen, übersät mit unverbundenen kleinen und größeren Einheiten des Denkens und Fühlens, gleichsam eine pointillistische Sicht ihrer geistigen und seelischen Zusammensetzung, ist um nichts weniger irreführend als die Vorstellung einer säuberlichen Einteilung der Welt nach dem regelmäßigen Muster einförmiger Nationalstaaten. Und zwar aus demselben Grund: Die betreffenden Elemente – ob Farbtupfer oder Kästchen – sind in Wahrheit weder kompakt noch homogen, weder einfach noch einförmig. Sobald man sie genauer betrachtet, löst sich ihre Geschlossenheit auf. Was wir dann vor uns haben, sind aber keine wohldefinierten Einheiten, die nur noch auf ihre Einordnung in eine Art Mendelsche Tabelle der natürlichen Gattungen warten würden. Wir sind vielmehr konfrontiert mit einem nur teilweise entwirrten Knäuel von Unterschieden und Ähnlichkeiten. Serben werden zu Serben, Singhalesen zu Singhalesen, Frankokanadier zu Frankokanadiern, irgendwer zu irgendwem, weil sie und der Rest der Welt begonnen haben, Serben, Singhalesen und Frankokanadier von ihrer jeweiligen Umgebung abzuheben – auch wenn dies nur vorübergehend und nur bis zu einem gewissen Grad, zu bestimmten Zwecken und in bestimmten Zusammenhängen der Fall ist.

Je mehr wir uns den Fragmentierungen und Fragmenten der heutigen Welt zuwenden, desto weniger scheinen territoriale Kompaktheit und lokale Traditionalismen und die von ihnen genährte konfigurationale Vorstellung, dass kulturelle Identität etwas Ganzheitliches und in sich Stimmiges sei, das Wesentliche zu treffen. Inseln, indianische Reservate, Dschungel, Hochlandtäler und Oasen mit ihrer Abgeschlossenheit (die freilich oft genug ein Mythos ist) und ihren „Argonauten des westlichen Pazifik", ihren „Urwald-", „Berg-" und „Wüstenvölkern" geben heute kein brauchbares Modell mehr ab. Angesichts der Stückhaftigkeit unserer Welt scheint die Auffassung von Kultur – *einer bestimmten* Kultur, *dieser* Kultur – als Konsens über grundlegende gemeinsame Vorstellungen, gemeinsame Gefühle und gemeinsame Werte kaum noch haltbar. Es sind im Gegenteil die Verwerfungen und Brüche, die heute die Landschaft der kollektiven Identitäten konturieren. Was immer eine Identität im Kapitalismus ohne Grenzen oder im globalen Dorf definiert, es ist nicht die tiefreichende Einmütigkeit über tiefgreifende Angelegenheiten. Eher ist es so etwas wie die Wiederkehr vertrauter Unterscheidungen, die Hartnäckigkeit von Auseinandersetzungen und die bleibende Präsenz von Bedrohungen – die Überzeugung, dass, was immer passieren mag, die Ordnung der Differenzen aufrechterhalten bleiben muss.

Wir wissen eigentlich nicht, wie wir mit einer Welt umgehen sollen, die weder wohlgegliedert ist noch eine ökonomische, psychologische oder wie immer geartete transzendente Einheit bildet. Wir können nicht mehr davon ausgehen, dass die wahre Ordnung und Einheit unter einer dünnen, künstlichen und täuschenden Oberfläche verborgen liegt, die es nur zu durchbrechen gälte. Vielmehr sind wir mit einem unübersichtlichen Feld von Differenzen und Verbindungen konfrontiert. Stolz und Hass, Kulturfestivals und ethnische Säuberungen, Befreiungskampf und *killing fields* liegen hier nicht nur unmittelbar nebeneinander, sondern gehen auch mit bestürzender Leichtigkeit ineinander über. Indessen gibt es kaum politische Theorien, die diese Situation zur Kenntnis nehmen und bereit sind, sich mit ihr auseinanderzusetzen. Nahezu vergeblich suchen wir nach Ansätzen, die die Ordnung der Differenzen auseinanderlegen und befragen, anstatt unsere Schulweisheiten über Hobbes' Krieg oder Kants Frieden zu perfektionieren. Viel wird von der Entwicklung und Verbreitung solcher Ansätze abhängen. Man kann nur beeinflussen, was man auch versteht.

2

Wenn die Ethnologie wegen ihrer Vorliebe für Konsens, Typus und Gemeinsamkeit – für das, was jemand einmal ein Keksausstecher-Kulturkonzept genannt hat – auch wenig zur Entwicklung und Verfeinerung der politischen Theorie beizutragen vermag, so könnte ihr Kosmopolitismus, ihre Entschlossenheit, die Grenzen des Vertrauten, Überkommenen und Naheliegenden zu überschreiten, doch eine wertvolle Hilfe bieten. Die Ethnologie hat den amerikanischen, westlichen, europäischen und christlichen Exzeptionalismus unterhöhlt, sie hat dem Exotismus des Primitiven den Boden entzogen und zwingt so – über die Gräben zwischen den etablierten Domänen mit ihren Definitionen von Relevanz und Angemessenheit hinweg – zu einer vergleichenden und gemeinsamen Betrachtung von Dingen, die üblicherweise nicht gemeinsam in den Blick kommen. Gegen die Regeln der Grammatik verstoßende Vergleiche dieser Art helfen, einen weitverbreiteten Irrtum in der Beschreibung der Entwicklungen des letzten halben Jahrhunderts (und besonders der letzten Jahre, auf die wir uns hier konzentrieren) zu vermeiden: dass diese Entwicklungen nämlich in eine westliche und eine nichtwestliche Variante zerfallen und dass die nichtwestliche Variante im wesentlichen eine Rekapitulation oder Wiederaufführung der Geschichte ist, die der Westen bereits hinter sich, ja überwunden hat. Die Ethnologie erlaubt uns statt dessen, diese Entwicklungen als die Randzone des Neuen, als Vorboten und Sinnbild der kommenden Geschichte zu sehen.

Dies wird besonders deutlich, wenn wir uns die Veränderungen der politischen Landkarten in Asien und Afrika, im Pazifik, in der Karibik und in einigen Teilen Lateinamerikas ansehen: den Zerfall der großen Kolonialreiche Großbritanniens, Hollands, Belgiens, Frankreichs, Portugals und das Scheitern der kolonialen Ambitionen Deutschlands, Italiens, Japans und Amerikas (sogar Australien hatte ein Protektorat, wenn es ihm auch erst gegen Ende von den Deutschen zufiel). Die leidenschaftliche Solidarität der Revolte gegen die Kolonialherren und die Lebenskraft der aus ihr hervorgegangenen Länder speisen sich aus kollektiven Identitäten, die irreduzibel vielfältig, zusammengesetzt, instabil und kontrovers sind. Der Beitrag der Umwälzungen in der Dritten Welt zum Selbstverständnis des zwanzigsten Jahrhunderts liegt demnach nicht so sehr in der Nachahmung des europäischen Nationalismus (die im übrigen etwa in Marokko, Uganda, Jordanien oder Malaysia um einiges weniger intensiv ausfiel als zum Beispiel in Algerien, Zaire, Indien oder Indonesien) als darin, dass sie den Blick auf jene Zusammengesetztheit der Kultur gelenkt haben, die von eben diesem Nationalismus geleugnet wird. Vielleicht werden wir den politischen Umbau Asiens und Afrikas bald als einen Prozess erkennen, der für den Wandel der europäisch-amerikanischen Auffassungen von gesellschaftlicher Identität wichtiger ist als umgekehrt.

Nicht dass sich die aus dem Zusammenbruch des Kolonialismus hervorgegangenen Länder nach Art und Aufbau radikal von den westlichen unterschieden, sind diese doch Zerfallsprodukte ähnlich überdehnter politischer oder politisch-kultureller Imperien. Aber die postkolonialen Länder sind noch nicht unter dem Geröll der Geschichte begraben, sie liegen offen vor unseren Augen: Wir haben sie entstehen sehen. Sie sind noch jung, und sie wurden schneller, bewusster, mit Vorbedacht, geschaffen. Die Widrigkeiten und Zufälle ihrer Geburt sind noch in frischer Erinnerung. Die Kontingenzen, von denen diese Länder bis heute gezeichnet sind, gehören zu ihren interessantesten Aspekten. Frankreich mag mittlerweile als eine natürliche Gegebenheit erscheinen, sogar Italien oder Dänemark. Von Angola oder Bangladesch dasselbe zu glauben, fällt hingegen schwer.

Aus dem Schiffbruch des sogenannten „kolonialen Projektes" (eine merkwürdige Bezeichnung, als sei es eine Art aufklärerisches Experiment zur Erbauung der Politikwissenschaftler gewesen) sind Länder mit enorm heterogener kultureller Struktur hervorgegangen, oft fast willkürliche Ansammlungen von Völkern, umschlossen von Grenzen, die die Hasardspiele der europäischen Politik einst gezogen haben. (Warum sind zum Beispiel die Bewohner Abidjans Ivoiriens, und Menschen, die einige hundert Kilometer weiter an derselben Küste in Accra wohnen, Ghanaer? Warum gehört eine Hälfte Neuguineas zu Indonesien und die andere zu Papua Neuguinea? Warum ist Burma ein eigenes Land und nicht Bengalen? Warum sind einige Joruba

Nigerianer, andere dagegen Bürger Benins? Warum sind einige Thais Laoten und einige Afghanen Pakistanis?) Sprache, Religion, Ethnie und Gebräuche treffen auf allen möglichen Ebenen, in allen möglichen Winkeln und Dimensionen aufeinander. Auch der glühendste Nationalist wird vergeblich versuchen, sie zu rationalisieren, zu verschleiern, oder als schicksalhaft und unausweichlich abzutun.

Aufschlussreich ist nicht nur die schlichte Tatsache der kulturellen Heterogenität als solcher, sondern auch die enorme Vielfalt der Ebenen, auf denen sie auftritt und zum Tragen kommt. Es gibt deren tatsächlich so viele, dass es schwerfällt, überhaupt ein allgemeines Bild zu geben, Grenzen zu ziehen und Schwerpunkte zu setzen. Denn sobald man sich einen bestimmten Fall etwas genauer ansieht, werden die nächstliegenden Unterscheidungen sofort von anderen überlagert. Aus der Tagespresse vertraute Abgrenzungen wie die zwischen Tamilen und Singhalesen, Schiiten und Sunniten, Hutu und Tutsi, Malaien und Chinesen, Ostindern und Fidschianern werden verdrängt von anderen, die feiner und genauer unterscheiden oder auch gröber und großzügiger verfahren. Es ist schwer, irgendeine Gemeinsamkeit der Anschauung, der Lebensform, der Verhaltensweise oder des Ausdrucks zu finden, die nicht selbst wieder in kleinere und ihrerseits verschachtelte zerfiele, oder in größeren und umfassenderen Identitäten aufginge, die andere Identitäten überlagern. In fast keinem Fall – und ich würde sogar vermuten: in keinem – gibt es den Punkt, von dem man behaupten könnte, dass er den Anfang oder das Ende eines Konsenses markiert. Alles hängt ab von dem Rahmen, in dem verglichen wird, ändert sich mit dem

Hintergrund, vor dem die Identität gesehen wird, und folgt dem Spiel der Interessen, das Identitäten einbindet und belebt.

Indonesien, ein Land, mit dem ich mich ausführlich und über einen längeren Zeitraum hinweg beschäftigt habe (und das sich dennoch bis heute meiner Kenntnis weitgehend entzieht – zu viele abgeschnitten lebende Völker und abgelegene Orte, über die man mehr hört als weiß), ist ein eindrucksvolles Beispiel dieser schwierigen inneren Komplexität.[2] Es ist, wie wir wissen, kulturell betrachtet eines der vielfältigsten Länder der Welt, das Produkt eines unglaublichen Stroms widerstreitender Mentalitäten – ob portugiesisch, spanisch, holländisch, indisch oder chinesisch, ob hinduistisch, buddhistisch, konfuzianisch, moslemisch oder christlich, ob kapitalistisch, kommunistisch oder imperial-administrativ. All diese Elemente wurden von den großen welthistorischen Wirkkräften des Warenfernhandels, der religiösen Missionierung und der kolonialen Ausbeutung in einen ausgedehnten Archipel getragen, der hauptsächlich von malaiischen Polynesiern besiedelt ist, die hunderte verschiedener Sprachen sprechen, hunderten von Kulten huldigen und im Banne hunderter von Sitten, Gesetzen, Bräuchen und Künsten leben. Und die damit hunderten von kaum oder grundsätzlich verschiedenen, einigermaßen übereinstimmenden oder zutiefst gegensätzlichen Auffassungen vom guten Leben anhängen. Es scheint eine schier unerfüllbare Aufgabe, die geistige und seelische Anatomie dieses Landes nachzuzeichnen, zu beschreiben, wie es sich aus Identitäten zusammensetzt und über Identitäten zusammenhält (und dies angesichts der damit einhergehenden Schwierigkeiten sogar überraschend gut). Und doch ist es eine Aufgabe, die jeder in Angriff nehmen muss, der mit dem Land, ob von innen oder von außen, ernsthaft zu tun hat.

Üblicherweise geschieht dies durch eine Herangehensweise, die man als Diskurs der „Völker und Kulturen" bezeichnen könnte. Genauso nennt sie denn auch meine immer noch zur Klassifizierung im Stil des *âge classique* neigende Disziplin. Einzelne „ethnische" oder quasi-ethnische Gruppen – Javaner, Batak (Sumatra), Bugis (Celebes), Aceh (Sumatra), Balinesen und so weiter oder kleinere und entlegenere Gruppen der Biman (Bima), Dyak (Borneo), Ambonesen (Molukken) und so weiter – werden benannt und durch eine Kombination von Merkmalen charakterisiert. Untergruppen werden skizziert, die Beziehungen der Gruppen zueinander und ihre Position innerhalb des Ganzen bestimmt. Auch dieses Verfahren ergibt eine pointillistische Sicht, oder besser, angesichts der zugrunde liegenden registerartigen Ordnung, eine Karteikarten-Sicht des kulturellen Gefüges eines Landes. Was ist aus dieser Sicht ein Land? Es ist eine Anzahl von „Völkern" unterschiedlicher Größe, Bedeutung und unterschiedlichen Charakters, die durch eine übergreifende historische, ideologische, religiöse oder wie auch immer geartete Rahmenerzählung zu einer gemeinsamen wirtschaftlichen und politischen Struktur zusammengefügt werden. Alle Ebenen der Differenzierung, alle Dimensionen der Integration, die zwischen der kleinsten allgemein akzeptierten Einheit („eine bestimmte Kultur" oder „eine bestimmte ethnische Gruppe") und der größten („Nation" oder „Staat") liegen, werden auf diese Weise ausgeblendet oder blockiert. Und mit ihnen unglücklicherweise auch alles, was im Leben der Gemeinschaft zur Einbindung der Individuen in kooperative Unternehmungen dient oder sie in Konflikten voneinander trennt – all jene Praktiken, Institutionen und gesellschaftlichen Ereignisse, in denen Differenz erfahren und verarbeitet wird. Die Karteikarten sind zusammengestellt und eingeordnet, die entsprechenden Einträge gemacht, doch die Querverweise fehlen.

Aber es sind gerade die Querverweise, über die sich die verschiedenen, mittels Karteikarten isolierten Identitäten erst herausbilden und einander gegenübertreten. „Kulturen", „Völker" oder „ethnische Gruppen" sind keine durch die Grenzen des Konsenses bestimmte Identitätsklumpen. Sie sind Spielarten der Beteiligung an einem kollektiven Leben, das auf einem Dutzend verschiedener Ebenen, in einem Dutzend verschiedener Dimensionen und Domänen gleichzeitig stattfindet. Betrachten wir zum Beispiel ländliche Heiratsbräuche im Verhältnis zur staatlichen Kodifizierung des Familienrechts, die partikularen Formen religiöser Verehrung im Unterschied zur offiziellen Rolle der Religion im Staat oder regionale Muster des Zusammenlebens im Kontrast zu übergreifenden politischen Strukturen: Diese und zahllose ähnliche Überschneidungen von Anschauungen, Stilen oder Dispositionen bilden die Grundlage, auf der sich kulturelle Komplexität zu einem – freilich höchst unregelmäßigen, labilen und unbestimmten – Ganzen fügt.

Es ist hier nicht möglich, auf die Details einzugehen, und kaum auf Allgemeines. Man kann aber festhalten, dass die kulturelle Vielfalt Indonesiens (sie ist ungebrochen trotz der angeblich homogenisierenden Wirkung des Fernsehens, der Rockmusik und des Hoch- und

Spätkapitalismus) sich in Gestalt von Auseinandersetzungen über die Beschaffenheit dieses Ganzen artikuliert. Dabei geht es im wesentlichen darum, auf welche Weise und inwieweit die gegensätzlichen Aspekte dieses umfassenden Konglomerats in der Formulierung der indonesischen Identität zum Ausdruck kommen und ihren Platz finden. Nicht um den Konsens geht es, sondern um einen gangbaren Weg, ohne ihn auszukommen.

Indonesien hat dieses Ziel – wenn auch nur teilweise, ungleichmäßig und unvollständig – erreicht, indem es eine Politik der Kulturen entwickelt hat, die es erlaubt, krass divergierende Vorstellungen über das Land gleichzeitig darzustellen und zu mildern, zu feiern und in Schach zu halten, anzuerkennen und zu überdecken – eine Politik, die durchaus treffend als ein funktionierendes Missverständnis bezeichnet worden ist. Allerdings hat sie, wie wir wissen, nicht immer funktioniert. Die Massaker des Jahres 1965 auf Java, Bali und in Teilen Sumatras, die tausende, wenn nicht hunderttausende von Opfern gefordert haben, waren im wesentlichen die gewalttätige Fortsetzung der verwickelten Auseinandersetzungen um die Seele des Landes. Es gab ethnische und religiöse Revolten, Aufstände im Hinterland und in den Städten. Und wie in Osttimor oder West-Neuguinea bediente sich der Staat auch nackter Gewalt, um Konsens zu erzwingen. Und dennoch: Indonesien geht, mehr schlecht als recht, seinen Weg, wie Indien oder Nigeria – ein Bündel kleiner Welten, das irgendwie zusammenhält.

Auch wenn die Besonderheiten des indonesischen Falls zugegebenermaßen extrem sind, so kann die an diesem Beispiel verdeutlichte Konzeption kultureller Identität als eines Feldes von Differenzen meiner Ansicht nach für die moderne Welt einen hohen Grad von Allgemeingültigkeit beanspruchen. Differenzen dieser Art stoßen auf allen Ebenen aufeinander, von der Ebene der Familie, des Dorfes, der Nachbarschaft über die der Region bis zu der des Landes und noch darüber hinaus. Die Funktion der Solidarität beschränkt sich hier auf die Vermeidung konfliktträchtiger innerer Abgrenzungen, und die Funktion der Abgrenzung auf die Abwehr allzu vereinnahmender Solidaritäten. Dieses Bild der Welt hat nichts „Unterentwickeltes", „Dritte-Welt"-Ähnliches oder (mit einem Euphemismus, den wir neuerdings verwenden, um nicht mehr „rückständig" zu sagen) „Traditionelles" an sich. Es passt auf Frankreich und die Spannungen zwischen *civisme laïque* und der Welle maghrebinischer Einwanderer, die mit Kreuzkümmel kochen wollen und das Recht beanspruchen, dass die Frauen in der Schule Schleier tragen. Es passt auf Deutschland, wo über den Platz der Türken in einem „Heimatland", das sich über Abstammung definiert, gestritten wird. Auf Italien, das von konkurrierenden Regionalismen zerfurcht ist, die durch Modernisierung und Industrialisierung nur noch verstärkt werden. Auf die Vereinigten Staaten, die im multiethnischen, multireligiösen, vielsprachigen, kurz: multikulturellen Strudel ein Gedächtnis ihrer selbst bewahren wollen. Und nicht zuletzt auf die viel dramatischere, brutale Zerissenheit von Ländern wie Liberia, dem Libanon, Myanmar (Burma), Kolumbien oder die Republik von Südafrika. Bis 1989 schien die Annahme eines europäischen (und amerikanischen) Exzeptionalismus zumindest Europäern (und Amerikanern) noch plausibel: *Wir* haben den Nationalstaat, und *sie* nicht. Doch seither hat diese Überzeugung zunehmend an Glaubwürdigkeit eingebüßt. Das ehemalige Jugoslawien war und ist der Ort, an dem diese Idee gestorben zu sein scheint, und zugleich der „brennende Hinterhof Europas", in dem sie ihre letzte Bastion hat.

3

Eigentlich sollte politische Theorie das sein, was Aristoteles wohl in ihr sah: eine Schule der Urteilskraft und nicht deren Ersatz. Sie sollte sich weniger mit der Formulierung von Gesetzen beschäftigen, die dann von den weniger reflektierten Geistern zu befolgen sind – von Ronald Dworkins Richtern, John Rawls' Politikern und Robert Nozicks *utility seekers* –, sondern dazu beitragen, die Gräuel und Wirren besser zu verstehen, inmitten derer wir alle leben, und uns so helfen, sie zu überleben, zu entschärfen und gelegentlich sogar zu verhindern. Wenn dies die eigentliche Berufung politischer Theorie ist, so wird sie Besonderheiten und Ereignissen weit mehr Aufmerksamkeit schenken müssen. Und zwar nicht, um laufend zu monieren, dass alles schrecklich kompliziert ist und sich jeder logischen Ordnung entzieht. Das kann getrost der Geschichtsschreibung und der Ethnologie überlassen bleiben. Die politische Theorie muss sich auf die konkreten Umstände einlassen, um zu der Schaffung einer praktischen Politik der kulturellen Schlichtung beizutragen. Denn daran mangelt es uns am meisten in einer Zeit, da die Welt sich in immer vielfältigeren Differenzierungen reorganisiert.

Wie jede andere wird auch diese Politik zielorientiert und auf die jeweiligen Begleitumstände, auf Zeit, Ort und Personen zugeschnitten sein müssen. Gleichzeitig wird sie, wie jede andere Politik, bestimmte Gemeinsamkeiten in Diagnose, Strategie und Zielrichtung entwickeln müssen. Was sie in Diyarbakir (Türkei) oder in Srinegar (Kaschmir) sucht, müsste sie auch in Trois Rivières (Quebec) oder im südlichen Los Angeles suchen. Sie würde den algerischen zum irischen Kulturkampf in Bezug setzen; die samtene Scheidung von Tschechen und Slowaken zu jener Malayas und Singapurs, die einige Jahre davor auf merkwürdig ähnliche Weise abgewickelt wurde. Eine Politik dieser Art würde die germanisch-romanische Polarisierung Belgiens der griechisch-türkischen Zyperns gegenüberstellen, die Marginalisierung der amerikanischen Indianer jener der australischen Aborigines und die Entassimilierung Brasiliens jener der Vereinigten Staaten. Hier liegt tatsächlich ein definierbarer Gegenstand vor. Das Kunststück besteht darin, ihn zu definieren, und, hat man ihn einmal definiert, in eine Ordnung zu bringen.

Die zentrale Dynamik dieses Gegenstandes scheint, wie ich vielleicht schon zu oft wiederholt habe, im fortdauernden Gegensatz zweier Tendenzen zu bestehen. Auf der einen Seite finden wir den Drang, gleichsam monochrome Tröpfchen von Kultur und Politik zu erzeugen: In diesem Versuch, ein pointillistisches Weltbild zu konstruieren, sind sich „ethnische Säuberung" und „Nationalismus" – die Annahme einer Konvergenz kollektiven Handelns – einig. Auf der anderen Seite gibt es das Bemühen, eine komplizierte und in sich verschachtelte Struktur von Differenzen zu schaffen, die es einem Land erlaubt, kulturellen Spannungen, die nicht abzubauen oder zu mildern sind, einen Platz einzuräumen und sie in Grenzen zu halten. Dabei werden sich solche Strukturen von Land zu Land unterscheiden, und der Spielraum für ihre Realisierung wird unterschiedlich groß sein. Die Situation von Moslems in Frankreich, Weißen in Südafrika, Arabern in Israel oder Koreanern in Japan ist eben nicht ganz dieselbe. Die politische Theorie wird nur dann eine Bedeutung in unserer zersplitterten Welt haben, wenn sie Antworten auf die Frage zu geben vermag, wie solche Strukturen – gegen den zerstörerischen Drang zur Homogenisierung – geschaffen und funktionsfähig gehalten werden können.

Damit bin ich beim letzten Punkt, den ich hier nur noch knapp behandeln kann, obwohl er eigentlich mein wichtigstes Anliegen ist. Es ist die vieldiskutierte und nach wie vor unentschiedene Frage, ob der Liberalismus (oder genauer, und um mich eher Isaiah Berlin und Michael Walzer als Friedrich von Hayek und Robert Nozick zuzuordnen: der sozialdemokratische Liberalismus) die Herausforderung einer Welt in Stücken bestehen kann. Ist er in der Lage, sich in die erbitterte, explosive und oft genug mörderische Politik der kulturellen Differenz einzumischen? Wird er sie überhaupt überleben? Dem Liberalismus wird nachgesagt, dass er die Macht und Widerstandsfähigkeit von Bindungen, wie sie Religion, Sprache, Gebräuche, Rasse und Abstammung stiften, nicht anerkenne und dass er das Einfließen solcher Belange in das öffentliche Leben als pathologisch: primitiv, rückständig, regressiv und irrational ansehe. Sein Bekenntnis zur Neutralität des Staates in Fragen der persönlichen Überzeugung und sein entschiedener Individualismus seien es, die ihn zur Verkennung dieser Faktoren führten, ebenso wie seine Betonung von Freiheit und Prozedur, der universalen Menschenrechte und (wenigstens in der Version, der ich anhänge) der gerechten Verteilung von Lebenschancen. Ich glaube nicht, dass dieser Vorwurf zutrifft. Die Entwicklung eines Liberalismus, der genug Mut und Kompetenz aufbringt, sich mit einer Welt der Differenzen auseinanderzusetzen, ist nicht nur möglich, sie ist dringend geboten – auch wenn oder gerade weil in dieser Welt die Prinzipien des Liberalismus kaum wirklich verstanden, geschweige denn allgemein geteilt werden und ihm fast überall der Ruch eines fremdartigen und verdächtigen Credos anhängt.

In den letzten Jahren hat sich sowohl der ökonomische als auch der politische Liberalismus von einer ideologischen Festung für eine Hälfte der Welt zu einem moralischen Angebot an die gesamte Welt entwickelt. Paradoxerweise wurde damit deutlich, wie sehr beide Varianten ein kulturspezifisches, im Westen entstandenes und dort ausgearbeitetes Phänomen darstellen. Derselbe Universalismus, dem sich der Liberalismus verpflichtet fühlt, den er propagiert und der seine weltbürgerliche Intention ausmacht, hat ihn in einen offenen Konflikt mit anderen Universalismen ähnlicher Intention geführt. Vor allem gilt dies für den heutigen Islam, aber auch für zahlreiche andere Vorstellungen vom Guten, Rechten und Unbezweifelbaren, kommen sie nun aus Japan, Indien, Afrika oder Singapur. Der Liberalismus erscheint ihnen nur als ein weiterer Versuch, dem Rest der Welt westliche Werte aufzuzwingen: als eine Fortsetzung des Kolonialismus mit anderen Mitteln.

Die Prinzipien, die den Liberalismus inspirieren, sind für andere – darunter auch ernsthafte und vernünftige Menschen – nicht so selbstverständlich wie für Liberale: Ärmere, mit ihrem Aufschwung beschäftigte Länder setzen sich gegen den Geltungsanspuch universaler Menschenrechte zur Wehr; auf diese Länder seien sie nicht anwendbar, ja die Menschenrechte seien geradezu von den reicheren ersonnen worden, um die Entwicklung der ärmeren zu hintertreiben. Der väterlich-weise Moralismus von Singapurs Lee Kuan Yew führt Faulenzer, allzu neugierige Journalisten oder zu unbescheidene Geschäftsleute wegen Mangels an konfuzianischem Geist öffentlicher Demütigung zu. Suharto lehnt freie Gewerkschaften, unabhängige Zeitungen und freie Wahlen als unvereinbar mit dem „asiatischen Gemeinschaftssinn" ab. Das sind nur Beispiele aus einem breiten Spektrum von Diskursen, die Ritual, Hierarchie, Ganzheit und Stammesweisheit rühmen. Vor diesem Hintergrund wird die Partikularität liberaler Grundsätze überdeutlich. Locke, Montesquieu, Jefferson und Mill sind Einzelstimmen in einer besonderen Geschichte. Weder sie noch ihre heutigen Fürsprecher können alle, die diese Stimmen vernehmen, in gleichem Maß überzeugen.

Der Liberalismus, für den diese Stimmen plädieren, ist weder kompakt noch homogen, geschweige denn vollendet. Denken wir, um einige jüngere Vertreter zu nennen, nur an so verschiedene Denker wie John Dewey, Albert Camus, Isaiah Berlin oder Jacek Kuron. Wer die Sache des Liberalismus vertreten will, der muss dessen kulturspezifische Ursprünge und Merkmale anerkennen. Er muss – wir müssen – akzeptieren, dass jeder Versuch, den Liberalismus in der Welt zu verbreiten, nicht nur auf Blindheit, Unvernunft und mit Leidenschaft gepaarte Ignoranz stößt (die wir ja auch von zu Hause gut genug kennen), sondern mit rivalisierenden Ansichten über die Ordnung der Dinge, die Gestaltung zwischenmenschlicher Beziehungen, die Beurteilung von Handlungen und die Lenkung von Gesellschaften. Wir müssen lernen, dass diese Ansichten ein eigenes Gewicht, ein eigenes Moment haben und einem eigenen Beweggrund folgen: dass es Argumente für sie gibt. Es geht hier nicht um einen „Relativismus", wie er häufig gerade von jenen beschworen wird, die ihre Überzeugungen vor der Macht der Differenz zu immunisieren suchen. Vielmehr geht es darum zu verstehen, dass das Sprechen mit anderen auch Zuhören bedeutet. Und dass, wenn wir denn zuhören, wohl kaum etwas von dem, was wir selbst zu sagen haben, unerschüttert bleiben wird, nicht am Ende dieses Jahrhunderts, und auch nicht danach.

Ich begann meine Ausführungen mit dem Verdikt, dass politische Theorie kein grob verallgemeinerndes Nachdenken über grob verallgemeinerte Sachverhalte sein sollte, dass ihre Aufgabe nicht darin besteht, unbewohnbar abstrakte Architekturen zu ersinnen. Ich habe vorgeschlagen, sie vielmehr als eine intellektuelle Auseinandersetzung zu sehen, die sich flexibel, genau und realistisch mit drängenden Problemen der Gegenwart befasst. Für den Liberalismus gilt das in besonderem Maße, denn er hat zuweilen eine gewisse Gleichgültigkeit gegenüber dem wirklichen Stand der Dinge an den Tag gelegt und die Tendenz gezeigt, seine Wünsche mit deren Erfüllung zu verwechseln. Der Liberalismus muss neu gedacht werden: als eine Sicht, die nicht aus einem Nirgendwo stammt, sondern von dem spezifischen Ort einer (ihrerseits spezifischen) westlichen politischen Erfahrung, und als eine Aussage (genauer: als Aussagen) darüber, was wir, als Erben dieser Erfahrung, glauben, über das halbwegs gedeihliche Zusammenleben von unterschiedlichen Menschen gelernt zu haben. Angesichts anderer Erben, die andere Erfahrungen gemacht und aus ihnen andere Lehren für andere Zwecke gezogen haben, bleiben uns nur zwei Möglichkeiten: Entweder wir bestehen auf unsere eigenen Erfahrungen mit dem Maß an Vertrauen, das wir noch in sie setzen, oder wir riskieren einen Zusammenprall mit anderen Erfahrungen – eine Kollision, aus der unsere eigenen mehr oder weniger ramponiert und reparaturbedürftig hervorgehen könnten.

Die Aussicht auf eine neue Synthese – nicht, dass es jemals wirklich eine alte gegeben hätte – scheint mir nur sehr gering. Uneinigkeiten und Brüche werden uns erhalten bleiben, auch wenn es vielleicht andere sein werden. Ebensowenig scheint der schlichte Triumph dessen wahrscheinlich, was E. M. Forster *„love"* *und „the beloved republic"* genannt hat; daran hat der durch und durch englische, abgeklärte und intransigente Liberale wohl selbst nie recht geglaubt. Wenigstens für die unmittelbare Zukunft, und wahrscheinlich noch für einige Zeit danach, dürften wir zum Leben in einem Zustand verurteilt sein, den irgend jemand, vielleicht eingedenk jugoslawischer Waffenruhen, irischer Feuerpausen, afrikanischer Rettungsaktionen und nahöstlicher Verhandlungen, *low-intensity peace* genannt hat. Nun ist das nicht gerade die Art von Umgebung, in der der Liberalismus gemeinhin gedeiht. Aber es ist die Umgebung, in der er sich zurechtfinden wird müssen, wenn er fortbestehen will, wenn er Einfluss ausüben und das erhalten will, was mir als sein innerstes und tiefstes Bekenntnis erscheint: die moralische Pflicht zu hoffen.

Anmerkungen

I. Eine Welt in Stücken

1 Samuel P. Huntington, „The Clash of Civilizations", in: *Foreign Affairs,* Sommer 1993, S. 22-49.
2 Charles Taylor, „Shared and Divergent Values", in: Ders., Reconciling the Solitudes. Essays on Canadian Federalism and Nationalism, Montreal und Kingston 1993, S. 155-186.

II. Was ist ein Land, wenn es keine Nation ist?

1 The Compact Edition of the Oxford English Dictionary, Oxford 1971, Band I, S. 1078. Eine ausführlichere und detailliertere Untersuchung der Bedeutungsgeschichte am Beispiel Englands bietet L. Greenfield, Nationalism: Five Roads to Modernity, Cambridge, Mass. 1992, S. 31-44.
2 The Compact Edition, a.a.O., Band II, S. 661 f.
3 Ebenda, S. 849-853.
4 Ebenda, S. 359 f. Alle erwähnten Begriffe haben selbstverständlich verwandte Bedeutungen, die nicht Teil des hier beschriebenen semantischen Feldes sind: „people" bezeichnet Menschen im Gegensatz zu Tieren, „country" bezeichnet Ländliches im Gegensatz zu Städtischem, „society" das Modische, wie etwa in „high society" und so weiter. Eine vollständige Analyse müsste all dies berücksichtigen.
5 „In früheren Beispielen", bemerkt das Oxford English Dictionary (Band I, S. 30f.) – möglicherweise im Zweifel angesichts des Eintopfcharakters und der enormen Bandbreite an Be-

deutungen, die der Eintrag bereits um 1928 angenommen hatte –, „dominiert der Rassengedanke gewöhnlich den politischen. Im zeitgenössischen Gebrauch tritt eher die Idee der politischen Einheit hervor". Doch in der Folge wird das Bild mit zwei ausgerechnet in dieser Hinsicht kontraproduktiven Zitaten wieder verwischt: Brights populistische Stammtisch-Parole, dass die Nation ihren Ursprung am heimischen Herd habe („dwells in the cottage") und Tennysons Schwert-und-Zepter-Sentenz „Let us bury the Great Duke [Wellington]/ To the noise of the mourning of a mighty nation". Das American Heritage Dictionary of the English Language (3. Aufl., Boston 1992, S. 1203) bietet kristallisierte, vielschichtige, moderne Definitionen: „1. Eine relativ große Gruppe von Menschen, die unter einer gewöhnlich unabhängigen Regierung zusammengefaßt sind; ein Land. 2. Die Regierung eines souveränen Staates. 3. Eine Föderation, die gemeinsame Bräuche und Ursprünge, eine gemeinsame Geschichte und oft auch Sprache teilt; eine Nationalität. 4. Ein Bund oder ein Stamm . . . 5. Das von einem solchen Bund oder Stamm bewohnte Gebiet."

6 So zum Beispiel bei Ernest Gellner, Nations and Nationalism, Oxford 1983 (deutsch: Nationalismus und Moderne, Berlin 1991).

7 Benedict Andersen, Imagined Communities. Reflections on the Origin and Spread of Nationalism, London 1983, S. 123 (deutsch: Die Erfindung der Nation. Zur Karriere eines folgenreichen Konzepts, Frankfurt a. Main 1988, S. 135). Andersons Buch enthält die vielleicht deutlichste Formulierung eines auf weltgeschichtlicher Ebene erfolgreich operierenden Konzepts, nach welchem „die Nation zunächst vorgestellt und dann zum Modell gemacht, adaptiert und transformiert wurde" (S. 129 des Originals, S. 142 der Übersetzung) und, so könnte man hinzufügen, nach Ansicht des Autors in den Unabhängigkeitsbewegungen der fünfziger und sechziger Jahre höchste Reinheit erlangte.

8 Warren Zimmerman, „Origins of a Catastrophe: Memoirs of the Last American Ambassador to Yugoslavia", in: Foreign Affairs, März/April 1995, S. 7. Zum Gegensatz von „ethnisch" und „staatsbürgerlich" siehe Michael Ignatieff, Blood and Belonging. Journeys into the New Nationalism. New York

1993; zu „offiziell"/„volkstümlich" siehe Benedict Anderson, a.a.O.; zu „entzweiend"/„einigend", „habsburgisch"/„liberal" und „östlich"/„westlich" siehe Ernest Gellner, a.a.O. (Der Hang, die Grenze zwischen üblem und gutem Nationalismus als eine zwischen balkanischem „Atavismus" und westeuropäischer „Reife" zu ziehen, ist durch die jugoslawische Tragödie und das Versagen der europäischen Union bestärkt worden. Er ist Teil einer europäischen, exzeptionalistischen Sicht der Dinge, mit der ich mich weiter unten auseinandersetze.)

9 Conrad Black, „Canada's Continuing Identity Crisis", in: Foreign Affairs, März/April 1995, S. 101. Bei den folgenden Ausführungen habe ich mich besonders auf den unveröffentlichten Aufsatz „Re-Imagining Canada: Aboriginal Peoples and Quebec Competing for Legitimacy as Emergent Nations" (1995) von Rüssel Barsh, Associate Professor of Native American Studies an der Universität Lethbridge, Alberta, gestützt, sowie unter anderem auf Charles Taylor, a.a.O.; Michael Ignatieff, a.a.O., S. 143–177, und R. Handler, Nationalism and the Politics of Culture in Quebec, Madison 1988. Einen Überblick über verfassungsrechtliche Versuche der Neuordnung Kanadas bietet James Tully, Strange Multiplicity: Constitu-tionalism in an Age of Diversity (erscheint in Kürze). Ein Versuch, diese Multiplizität als Kontrast zwischen „Zivilisation" und „Kultur" zu verstehen, findet sich bei Douglas Verney, Three Civilizations, Two Cultures, One State: Canada's Political Traditions, Durham 1981.

10 Conrad Black, a.a.O., S. 112 ff.; die Zahlen zur anglophonen Emigration aus Quebec stammen von Michael Ignatieff, a.a.O., S. 171. Zu Quebec, den Indianern und der Ausbeutung der Bodenschätze siehe ebenda, S. 163–167, und Rüssel Barsh, a.a.O.

11 Ich stütze mich hier im wesentlichen auf zwei Bücher von Samuel J. Tambiah: Sri Lanka, Ethnic Fratricide and the Dismantling of Democracy, Chicago 1986, und: Buddhism Betrayed? Religion, Politics, and Violence in Sri Lanka, Chicago 1992, sowie auf W. H. Wriggins, Ceylon: Dilemmas of a New Nation, Princeton 1960. Ich habe die Anfangsphasen des damals noch ethnischen Konfliktes in Ceylon untersucht in meinem Aufsatz „The Integrative Revolution: Primordial Sentiments and Civil Politics in the New States",

in: Clifford Geertz (Hg.), Old Societies and New States, New York 1963, S. 105–157, besonders S. 121 ff. Die Zahlen entnehme ich den genannten Arbeiten, sowie dem World Development Report 1992 der Internationalen Bank für Wiederaufbau und Entwicklung, Oxford 1992.

12 World Development Report 1992, a.a.O., Tabellen 1, 26 und 28. Im Vergleich mit einigen seiner Nachbarn erscheinen Sri Lankas Fortschritte der letzten Jahre weniger beeindruckend. Das erklärt sich zum Teil aus den inneren Unruhen, die zu einer beträchtlichen Emigration nach Europa, in die Golfstaaten und die Vereinigten Staaten geführt haben.

13 Es gab in den letzten Jahren in der Weltpresse eine derartige Fülle an Material zum Thema, ebenso wie zahlreiche Bücher, Artikel und Kommentare, von der Fernsehberichterstattung ganz zu schweigen, dass ich hier für diese ohnehin allgemeinen Bemerkungen eines Unzuständigen keine Quellen anzugeben brauche. Ich stütze mich wesentlich auf Misha Glennys detailreiches und verständiges Buch The Fall of Yugoslavia: The Third Balkan War, 2. Aufl., New York, 1994; ebenso auf Warren Zimmerman. Michael Ignatieff, a.a.O., S. 19-56, vermittelt das Ausmaß der Verheerungen in bezug auf Kroatien und Serbien; David Rieft leistet dies für Bosnien-Herzegowina in: Slaughterhouse: Bosnia and the Failure of the West, New York 1995, und behandelt Fragen des politischen Handelns aus einer deutlich interventionistischen Position.

14 Misha Glenny, a.a.O., S. 161.
15 Ebenda, S. 236.

III. Was ist eine Kultur, wenn sie kein Konsens ist?

1 Es gibt selbstverständlich eine Geschichte des kulturellen Konfigurationismus unabhängig von und zeitlich vor der von Malinowski und anderen inaugurierten ethnografischen Praxis. Dieser Ansatz hat die Ethnologie nachdrücklich geprägt; seine Quellen liegen vor allem bei Herder, den Brüdern Humboldt und den Neukantianern. Einen guten und aktuellen Überblick bietet Samuel Fleischacker, The Ethics of Culture, Ithaca 1994, bes. Kap. 5.

2 Eine Diskussion der ethnischen und religiösen Zusammensetzung Indonesiens und der Art, wie mit ihr umgegangen wird, findet sich in meinem Buch After the Fact: Two Countries, Four Decades, One Anthropologist, Harvard University Press, 1995, bes. Kap.1–3.

Passagen Religion und Politik

Michael Ley

Die Geburt der neuen Europa

Die europäische Moderne kann als neuzeitliche Religionsgeschichte gelesen werden, in der die traditionellen Erlösungsvorstellungen verweltlicht wurden. Nationalismen und Totalitarismen sind politische Religionen, die säkulare Heilsversprechungen predigen und damit unvorstellbare Vernichtungspotentiale freisetzen. Unter dieser Perspektive kann der Antisemitismus als Teil einer modernen Apokalypse interpretiert werden. Erst in der Überwindung des Systems der klassischen Nationalstaaten und der Entstehung ziviler Gesellschaften können die gnostischen Aspekte der Moderne überwunden werden und die nationalen Kulturen einer europäischen Zivilisation weichen. Die weitere europäische Integration bedarf jedoch einer Zivilreligion als geistiges und transzendentes Fundament einer sich abzeichnenden ökumenischen Zivilisation.

Passagen Philosophie

Rüdiger Görner
Das Zeitalter des Fraktalen

Im Mittelpunkt dieser essayistischen Studie steht die Bruchstückhaftigkeit heutiger Welterfahrung. Den Ausgangspunkt bilden Überlegungen zum Zusammenhang von Hofmannsthals Chandos-Brief und Freuds später Studie über das Unbehagen in der Kultur, das bruchstückhafte Erzählen bei Rilke und die Kunst des Bruches in Sezession und früher Abstraktion. Das Zeitalter des Fraktalen stellt den Kulturkritiker als einen „Seismographen der Brüche" vor, analog zur Dichtung, die im Sinne Adornos zunehmend zu einem „Kardiogramm der gebrochenen Herzen" geworden ist, der Opfer der Geschichte, die Kultur- und Zivilisationsbrüche als Abgründe erfahren mussten.

Passagen Philosophie

Stavros Arabatzis

Ich suche Menschen

Im Zeitalter der informellen Welt kann „der Mensch" im Raum der Abstraktion nicht mehr gefunden werden, weil er sich in seinem dynamischen Globo-Behälter zunehmend verkleinert und darin die letzten Spuren seiner Materialität verwischt. Die Texte, die von dieser Spurlosigkeit berichten, kehren so immer wieder aus der Ferne des abstrakten Raums ins Konkrete zurück und fassen am Ausdruck des Menschen Fuß, um sich darin sinnlich auszudehnen und paradox zu entspannen. Damit deuten die Texte auf einen doppelten Sachverhalt hin: Sie zeigen einerseits die Chance einer anderen, entspannten Globalisierung, andererseits aber das große Risiko der gesamtgesellschaftlichen Entwicklung: der unlebbare Raum der totalen Integration. Wie lange wollen also, so eine zentrale Frage dieser Fragmente, all diese vereinsamten Menschen in ihrem Globo-Behälter verbleiben?